FERIENSTRASSEN KRETA

FERIENSTRASSEN

Nord- und Nordwest-Europa

Nordland
Island
England und Wales
Schottland
Irland

Alpengebiete

Österreichs Alpenstraßen
Von Salzburg ins Salzkammergut
Nordtirol
Kärnten und Osttirol
Vom Ötztal nach Meran
Dolomitenland
Das Aostatal
Vom Engadin zum Luganer See

Ost-Europa

Tschechoslowakei
Polenreise

Italien

Oberitalienische Seen
Autostrada del sole
Durch die Abruzzen
Neapel und seine Goldene Küste
Sizilienreise
Sardinien

Deutschland

Oberbayerische Seen
Der Bodensee

Südost-Europa

Die jugoslawische Adriaküste
Rumänien
Bulgarien
Griechische Inseln
Griechische Reise
Kreta
Ungarnreise
Türkei

Europäische Ströme

Der Rhein
Die Donau

West- und Südwest-Europa

Elsaß
Durch die Pyrenäen
Andalusische Reise
Die Riviera
Korsika
Portugal

Außereuropäische Gebiete

Nordafrika
Kanarische Inseln
Kanada
Südafrika
Iran

Berta Sarne

KRETA

Von den minoischen Palästen
zum Gipfel des Ida

Verlag Anton Schroll & Co
Wien und München

Dieser Band enthält 68 Farbabbildungen, 2 Übersichtskarten und 14 Zeichnungen im Text

Abbildungsnachweis: Ekdotike Athenon S.A., Athen: Seite 16; Dr. Hertha Falk, Wien: 28, 30, 31, 61 oben; Hannes Gattringer, Wien: 41; Ing. Wolfgang Glaser, Wien: 9, 12, 29, 32, 51, 54, 59 oben; Ruth Kiraly, Wien: 67, 68, 88; Tomás Míček, Rinn (Tirol): 72, 104; Helmut Ohrenberger, Wien: 10, 11, 25, 26, 27 oben, 42, 43, 45–48, 52, 53, 59 unten, 61 unten, 65, 66 oben, 69–71, 81, 83, 86, 87, 97–103; Dr. Robert Stanfel, Wien: 13–15, 27 unten, 44, 60, 62, 66 unten, 82, 84, 85.

Zeichnungen: Georg Dobrovich, Wien

Gesamtherstellung:
Agens-Werk Geyer + Reisser, Wien

ISBN 3-7031-0496-1

INHALTSÜBERSICHT

EINLEITENDER ÜBERBLICK

LANDSCHAFT

K r e t a – das ist die größte griechische Insel und eine der größten des Mittelmeeres. Sie liegt lang hingestreckt und schmal – „wie ein Gedankenstrich" – im Schnittpunkt von Europa, Afrika und Asien; sie trennt die Ägäis vom Libyschen Meer. Kreta ist ein Land schroffer Gegensätze: So bildet die klippenreiche, felsige Südküste wenige zugängliche Buchten und Häfen; das Libysche Meer peitscht und durchlöchert die steilen Felsen und frißt tiefe Höhlen in den porösen Kalkstein. Geographisch gewinnt man an dieser kantigen, steinigen Südküste den Eindruck, Kreta verschließe sich gegen den dunklen Kontinent. An der Nordküste, gegen die Ägäis zu, ändert sich hingegen das Bild überraschend. Hier liegen die großen Häfen und weiten Buchten; nördliche Gebirgsausläufer, die bis an die Küste vorgreifen, wechseln mit breiten sonnigen Sandstränden und fruchtbaren kleinen Ebenen, in denen der gute kretische Wein wächst. Im Inneren liegen ertragreiche Hochebenen, von steinigem Bergland und Geröllhalden eingeschlossen. Zwischen Ida- und Dhíkti-Gebirge liegt Kretas größte Tiefebene, die Kornkammer der Insel, die sich im Herbst in ein zauberhaftes goldenes Meer verwandelt. Die Messará, so heißt dieses Getreideland, wird von zwei Flüssen, die ständig Wasser führen, bewässert. Für gewöhnlich herrscht in Mittel- und Ostkreta in den Sommermonaten katastrophaler Wassermangel, dem nur mit schwersten Opfern begegnet werden kann. Der Westen hingegen bringt stellenweise Wasser in Überfluß hervor. Das westliche Landschaftsbild ist ein vegetationsreiches, grünes, üppiges. Hier trifft man auf die großen Obst- und Orangenkulturen, Pfirsichplantagen und Großgärtnereien. Doch auch hier ist der Boden an den Berghängen – und der Westen ist sehr gebirgig – meist hart und steinig und mühsam zu bestellen. Heftige, oft rauhe Gebirgswinde gefährden den Ertrag. Durch naturbedingte Härten wird den Inselbewohnern das Leben oft nicht leicht gemacht, doch prägten gerade sie diesen einzigartigen Typus des zähen, kampfbereiten kretischen Menschen.

Kreta hat von allen griechischen Inseln die höchsten Berge, die sich im Relief der Massive klar voneinander scheiden und die Insel in ihrer ganzen Länge von Ost nach West durchziehen. Ihre höchsten Gipfel erreichen Höhen bis nahezu zweieinhalbtausend Meter: im Westen beherrscht die großartige vielgipfelige Kette der „Weißen Berge", der Lefká Ori, das Panorama. In Mittelkreta dominiert das kristallene Profil des höchstaufragenden Götterberges Ida, des Psilorítis; östlich davon liegt das Lassíthi-Gebirge, auch Dhíkti genannt, mit der Zeusgrotte von Psichró. Ganz im Osten fallen die Sitía-Berge mit dem Aféndis-Kavoússi-Gipfel, auch Aféndis Stavroménos genannt, auf 1476 m ab. Im Süden zieht sich eine beinahe durchgehend bis zum Meer reichende Mittelgebirgskette hin, die nur selten von flachen Küstenstreifen unterbrochen wird.

Im Landschaftsbild der Insel dürfen jene kleinen Täler, Niederungen und Wiesen nicht fehlen, die sich im Frühling mit einer verschwenderischen Blumenfülle überziehen; es gibt eine kretische Flora, die den Botaniker fasziniert und den Wanderer zur Anbetung hinreißen kann. So ein Blütenmeer will erlebt sein; schon oben in den sanften Hängen beginnt es, da blühen im Frühling in ganz Kreta die Asphodelen, diese unwahrscheinlichen Gewächse, die ganz plötzlich in Massen da sind und nach wenigen Wochen spurlos vom Erdboden verschwinden. Andere Blumen sprießen an ihrer Stelle und werfen Teppiche von Margariten und roten Mohn über den oft steinigen Boden mit nur dünner Humusschicht. In Tälern und Berglandschaften wächst der überall in Kreta anzutreffende Johannisbrotbaum, der mit seinem dunklen Laub sattgrüne Flecken in die silbrigen Olivenhaine streut. Die braunen Schoten hängen bis weit in den Herbst hinein bündelweise in den Zweigen. Auch der Feigenbaum darf nicht vergessen werden, der sich selbst in der kargsten Landschaft findet, als würde er sich von den Steinen nähren, aus denen er herauswächst; er erinnert in seiner Genügsamkeit an jene aus der kretischen Landschaft nicht wegzudenkenden bescheidenen Esel und Maultiere, die bei heißer Sonne auf steiniger Halde stehen und Disteln fressen.

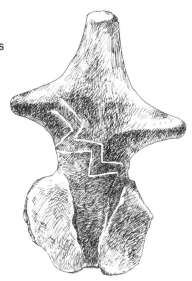

Neolithisches Tonidol. Iráklion, Archäologisches Museum

KULTUR UND GESCHICHTE

Wir sehen in der kretischen Kultur die erste Offenbarung einer neuen – der des europäischen Geistes. Ludwig Curtius

Kreta sollte man vor Griechenland bereisen. Kreta ist das Vorspiel, das Präludium zu Hellas. Wer Kreta erlebt hat, durfte weit zurückschauen in die Ursprünge, in die Geburtsstunde der Götter; er durfte „zu den Müttern"

hinabsteigen. In der Höhle der Eileithyia bei Amnissós, deren Eingang ein alter, verkrüppelter Feigenbaum verdeckt, weht uns der Atem jener Urmutter an, die als Beschützerin und Helferin aller Gebärenden Jahrtausende hindurch verehrt wurde. Kaum sonstwo berührt uns das geheimnisvolle Zusammenspiel von Mythos und Landschaft so unabweislich wie an dieser altehrwürdigen Stätte. Man sagt, daß die ersten Bewohner der Insel in Höhlen lebten, die wohl auch der früheste Schauplatz des aus ehrfurchterregenden Begräbnisstätten und Riten hervorgegangenen kultischen Geschehens waren. Im Neolithikum prägte sich bereits eine rein matriachalische Götterverehrung aus, die auch in den späteren Epochen in der Verehrung der mütterlichen Fruchtbarkeit weiterlebte und in kulturelle und politische Bereiche eindrang.
Die frühesten Spuren menschlicher Besiedlung auf Kreta reichen in die Jungsteinzeit, das Neolithikum, um 6500–2600 v. Chr., zurück; aus der Altsteinzeit fanden sich keine Anzei-

chen menschlicher Existenz. Den primitiven Lebensgewohnheiten dieser frühesten Siedler entsprechen auch ihre Werkzeuge und Geräte, die sie aus Stein, Knochen und Ton herstellten. Ihre Behausungen waren aus vergänglichem Material über Steinfundamenten errichtet. Die Töpferscheibe war noch unbekannt, die Keramik war handgefertigt und über dem offenen Feuer gebrannt. Im ersten Saal des Museums von Iráklion findet sich eine große Anzahl dieser frühesten kunsthandwerklichen Erzeugnisse; es sind dies meist offene Gefäße, wie Schüsseln, Becher, Büchsen, die zum Teil schon Verzierungen mit linearen Ritzmustern oder einfache Rotbemalung aufweisen. Auch praktische Gefäße, wie Siebe und Reiben, sind erhalten. Religiösen Spuren begegnet man in den frühen Idolen, diesen fülligen weiblichen Figürchen, die sich nahezu in allen steinzeitlichen Kulturen finden und die Göttin der Fruchtbarkeit verkörpern.

Gegen Ende des Neolithikums begann allmählich jene ganz spezifische Epoche einzusetzen, die – durch ihre erstaunlichen Leistungen und ihre spätere Entwicklung zur ersten europäischen Hochkultur – unter dem Namen „minoische Kultur" ein neues Kapitel in der Geschichte Kretas und des ganzen Mittelmeeres, ja ganz Europas eröffnete. In dieser Epoche erlebte Kreta seine höchste Blütezeit. Die Bezeichnung „minoisch" geht auf den ersten Ausgräber von Knossós, Sir Arthur Evans (1851–1941), zurück, der sie von dem sagenhaften ersten kretischen König Minos ableitete. Hervorgerufen wurde diese noch vor der Mitte des dritten Jahrtausends einsetzende Entwicklung durch Wellen von Zuwanderern aus dem Vorderen Orient und Nordafrika; diese neue Kultur wurde auch durch die um diese

Zeit beginnende Verwendung von Metallen, vor allem des Kupfers, das man bald zu Bronze zu verarbeiten verstand, mitbestimmt.

Für diese Zeit ist eine erstaunliche Vervollkommnung der Töpferei und ein unverkennbar neues Empfinden für die künstlerische Form zu verzeichnen. Es tritt eine frühe bemalte Keramik auf, die eine zarte lineare Musterung in hellen, cremefarbenen Tönen auf naturbraunen Ton setzt; auch geflammte Muster in Orange und Schwarz gibt es, die durch ein raffiniertes Brennverfahren hergestellt wurden: Schnabelkannen und hohe breite Becher kommen auf. Man lebte in diesen ersten minoischen Jahrhunderten bereits in bequemen Häusern, die aus luftgetrockneten Lehmziegeln über Steinsockeln errichtet waren. Es gab zahlreiche, aber kleine Räume. Bald entstanden geschlossene Siedlungen und Städte.

Um die Wende vom dritten zum zweiten Jahrtausend wurden die ersten Paläste gebaut. In den einzelnen Siedlungsballungen von Knossós, Festós und Mália bildete sich anfangs eine dezentralisierte aristokratische Verwaltung, die sich jedoch im weiteren Verlaufe zum Herrschaftszentrum von Knossós unter dem Priesterkönig Minos gewandelt zu haben scheint. Wirtschaft und Handel blühten, Kreta besaß die Seeherrschaft im Mittelmeer (Thalassokratie); kostbare Schiffe aus Zedernholz verschifften ihre Güter nach Kleinasien, Afrika und zu den griechischen Inseln. Wandmalereien aus Santorín, dem alten Théra, das unter

Rechts:
Iráklion. Hafeneinfahrt mit venezianischer Festung

Iráklion. Das Hafenkastell, 1523–1540 von den Venezianern errichtet. Der Markuslöwe an der Fassade war Zeuge der heldenhaften Verteidigung während der jahrelangen Türkenbelagerung von 1648–1669.

Iráklion. Den schönen Brunnen mit den byzantinischen Löwen am Venizélos-Platz ließ der Statthalter
Francesco Morosini 1628 errichten.

Palast von Knossós. Die minoischen Säulen, die an Loggien, um Lichtschächte und auf Treppenpodesten errichtet wurden, sind ein charakteristisches Element der minoischen Palastarchitektur. Der Schaft der kretischen Säule nimmt nach oben zu (Stuhlbeinkonstruktion) und trägt ein starkes Wulstkapitell. Die ursprünglich hölzernen Säulen wurden bei der Rekonstruktion des Palastes in Beton nachgeformt und mit roter und schwarzer Färbung versehen, wobei der Archäologe Sir Arthur Evans den Architekturdarstellungen auf den vielen erhaltenen Fresken folgte.

Palast von Knossós. Die „Königsstraße". Am Nordrand des Palastes verläuft ein leicht erhöhter Plattenweg von einer großen Treppenanlage in die Richtung der heutigen Straße. Ursprünglich bildete er wohl die Verbindung zu einem anderen Teil des Palastes.

Palast von Knossós. Im Westflügel liegen die großen Magazine, wo in 18 engen Gängen die zahlreichen, oft mannshohen Pithoi aufgestellt waren, in denen Öl, Getreide und Honig gespeichert wurden. Diese Vorratsgefäße stehen zum Teil noch heute an Ort und Stelle.

14

Iráklion. Archäologisches Museum (Saal VII, Vitrine 101). Oben: Goldener Anhänger aus einem minoischen Grab bei Mália: Zwei Wespen oder Hornissen saugen an einem Honigtropfen. Die Kunst der Granulierung beherrschten die Goldschmiede dieser Zeit bereits in hoher Vollendung. Rechts oben: (Saal III, Vitrine 41). Der berühmte „Diskos von Phaistos", der „erste Gutenberg": Eine 2 cm dicke Tonscheibe von 16 cm Durchmesser aus der Zeit um 1650 v. Chr. mit eingestempelten Zeichen, die immer wiederkehrend verwendet wurden. Der Inhalt des Textes ist bis heute noch nicht entziffert. Der Diskos wurde im Palastarchiv von Festós gefunden. Rechts: (Saal IV, Vitrine 51). Trankopfergefäß (Rhyton) aus Knossós in Form eines Stierkopfes aus schwarzem Steatit. Es diente zur Aufnahme flüssiger Spenden. Im Genick befindet sich eine Eingußöffnung und an der Oberlippe ein Ausgußloch. Die Augen sind aus Bergkristall und Jaspis gefertigt. Die Hörner aus vergoldetem Holz wurden ergänzt. Der Stier hat in der minoischen Religion eine bedeutende Rolle gespielt. Er war heiliges Symbol und edelstes Opfertier.

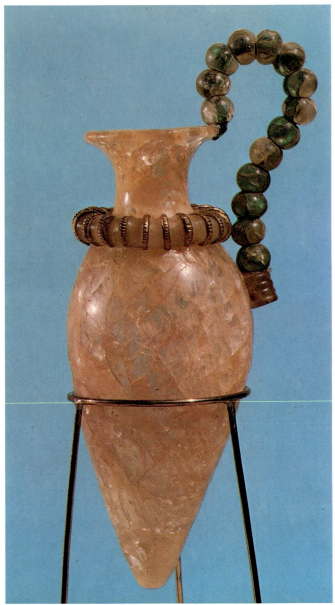

Iráklion. Archäologisches Museum (Saal XV, Nr. 3). Fresko-bruchstück mit dem Kopf einer kretischen Dame, deren Liebreiz zu der Bezeichnung „Kleine Pariserin" führte. Der Kultknoten im Nacken läßt darauf schließen, daß sie als Priesterin oder Göttin anzusehen ist. Dieses Bruchstück ist ein Teil der Gesamtkomposition „Darbringung eines Trank-opfers" und wegen seines Erhaltungszustandes berühmt.

Iráklion. Archäologisches Museum (Saal VIII, Vitrine 109). Trankopfergefäß aus Bergkristall. Dieses herrliche Rhyton, das aus der Schatzkammer des Palastes von Káto Zákros stammt, wurde aus etwa 350 Bruchstücken zusammengefügt. Die Kugeln am Henkel waren ursprünglich von einem Kupferdraht zusammengehalten, der grün oxidierte und den Bergkristall verfärbte.

kretischer Oberhoheit stand, zeigen solche Schiffe und ihre Bauart. Von der kulturellen Stuktur dieser ersten Palastzeit geben die kunsthandwerklichen Leistungen eine Vorstellung. Es sind dies großartige Arbeiten von bisher unerreichter Eleganz und Feinheit: die „Kamáresvasen", deren Hauptfundort, die Kamáreshöhle im Ida, der ganzen Gattung den Namen gab, und deren Formenreichtum und Schönheit Bewunderung und Entzücken erregen. Es gibt unter den Kamáresvasen eierschalendünne Gefäße, Tassen, Schalen, Kannen, die man sich heute ebenso auf einem modernen Teetisch vorstellen könnte. Sie waren mit hellfarbigen, blumigen Ornamenten auf tiefdunklem Grund geschmückt.

Die kulturelle Entwicklung der drei Palastlandschaften Knossós, Festós und Mália verlief anscheinend ohne kriegerische Auseinandersetzung. Die Kulturen der minoischen Perioden spiegeln eine friedliche politische Situation; es gibt auch keine Darstellungen von Kampf und Schlachten und dergleichen, und nichts deutet auf gegenseitige Rivalitäten hin, die zu zerstörerischen Konflikten hätten führen können. Der reale Grund dafür ist wohl in der Thalassokratie zu suchen. Die Vormacht im Mittelmeer, die starke Flotte, schützten vor Überfällen, man hatte daher auch keine befestigten Paläste, keine wehrumgebenen Städte nötig. Welch gesegnetes Zeitalter!

Kamáresvase mit Palmendekor. Erste Palastzeit, um 1800 v. Chr. Iráklion, Archäologisches Museum

Gefäß der sogenannten „Eierschalenware". Kamáresvase. Erste Palastzeit, um 1800 v. Chr. Iráklion, Archäologisches Museum

Kanne im Kamáres-Stil aus dem Palast von Festós. Erste Palastzeit, um 1800 v. Chr. Iráklion, Archäologisches Museum

„Barbotine-Krug". Besonders gut erhaltenes Exemplar dieser Gattung von Tongefäßen, die durch aufgesetzte plastische Elemente Reliefwirkung erzielen. Zweite Palastzeit. Iráklion, Archäologisches Museum

Am Ende der Ersten Palastzeit entstand ein hieroglyphisches Schriftsystem, das noch nicht entziffert ist. Es ist das Schicksal der Forschung, daß sie gerade für diese unerhört bedeutende Epoche der Frühgeschichte ihre historischen Schlüsse fast ausschließlich auf die archäologischen Funde stützen muß, denn keine schriftliche Überlieferung berichtet vom Leben und von der Geschichte dieser kretischen Menschen.

Der minoische Mensch war ein Naturfanatiker, das bringen die großen Wandfresken klar zum Ausdruck, die der Zeit nach 1700 v. Chr. angehören. Die ersten großen Paläste standen nur 300 Jahre, dann gingen sie – wohl durch eine Naturkatastrophe – zugrunde. Erdbeben, Brände, Überschwemmungen – wir wissen es nicht. Die Kreter bauten ihre Paläste wieder auf; schöner, größer, komfortabler als die alten. Sie entwarfen Wandgemälde, vor denen wir heute staunend stehen und versuchen, aus den zerbrochenen Wunderwerken das Ganze zu erschließen. Dieses Ganze ist die von Leben überschäumende Welt, die um ihrer selbst willen dargestellt ist: Tiere, Pflanzen, Traumlandschaften, Visionen in beglückenden Farben. Es gibt blaue Bäume, blaue Meerkatzen, die durch hohes Gras wandeln, blaue Vögel, wie zum Beispiel die herrliche „blaue Mandelkrähe"; alles Bilder, die mehr skizziert als ausgeführt sind, die mit leichter Hand sicher al fresco hingeworfen wurden. Zur selben Höhe freien Kunstschaffens gelangte in dieser Epoche auch das Kunsthandwerk; kleine Figuren aus Fayence, Elfenbein und Bronze verraten wie in der Malerei ein absolut sicheres Gefühl für die Bewegung. Mit packender Lebendigkeit wird auf der berühmten „Schnittervase von Hagia Triada" ein Erntefestzug geschildert.

„Schlangengöttin". Eine Fayencestatuette aus dem Palastheiligtum von Knossós. Höhe 29,5 cm. Wohl als eine der vielen Gestalten der weiblichen Erdgottheit gedacht. Zweite Palastzeit, 1600–1580 v. Chr. Iráklion, Archäologisches Museum

Eine Sonderstellung nehmen die zu Tausenden gefundenen kretischen Siegel ein, die durch den Reichtum an Motiven die Entwicklung der kretischen Kultur spiegeln. Es sind dies gemmenartig geschnittene Steine von linsenähnlicher oder prismenförmiger Gestalt, „Inselsteine" genannt, die als Petschaft, auch vielfach in Ton gebrannt, Verwendung fanden und einen großen Zweig der minoischen Kunst darstellen. Das Museum in Iráklion besitzt die reichste Sammlung dieser interessanten Stücke. Damals zählte Kreta, so schätzt man, eine Million Einwohner. Gegen 1500 v. Chr. – vielleicht auch später – trat in Kreta ein neues Schriftsystem auf, das, wie sich später herausstellte, auch einer neuen Sprache diente, nämlich dem Mykenischen, das von den festländischen Griechen gesprochen wurde. Die teilweise Entzifferung dieser Schrift ist gelungen, jedoch wurden die Hoffnungen der Historiker wieder nicht erfüllt, endlich exaktes schriftliches Material über die Geschichte Kretas zu erhalten. Die Schrifttäfelchen, von denen sich auch viele im Palast des Nestor auf dem Peloponnes fanden, enthalten leider nur archivalische Aufzeichnungen aus der Palastbuchhaltung. Der große Erfolg der bisherigen Entzifferung liegt jedoch in der Erkenntnis, daß es sich hier um das erste Griechisch handelt, das je niedergeschrieben wurde. Die Mykener bedienten sich der kretischen Schrift für ihre eigene Sprache um die gleiche Zeit, als sie die Herrschaft über Kreta antraten. Um 1450 v. Chr. gab es die große Katastrophe der Explosion des Vulkans auf Santorin, die, wie jetzt angenommen wird, die Ursache der Zerstörung aller Paläste auf Kreta durch Beben und Flutwellen

Spätminoisches weibliches Idol, sogenannte „Mohngöttin", aus einem Heiligtum in Gázi bei Iráklion. Iráklion, Archäologisches Museum

Kugelförmige bemalte Tonflasche mit dem im „Meeresstil" beliebten Motiv des achtarmigen Tintenfisches (Oktopus). Zweite Palastzeit, um 1600 v. Chr. Iráklion, Archäologisches Museum

war. Knossós wurde noch einmal notdürftig aufgebaut, aber nach 1400 v. Chr. gab es auch Knossós nicht mehr.

Auch nach der Zerstörung der kretischen Paläste blieben auf der kulturell darniederliegenden Insel bestimmte minoische Gebiete weiter besiedelt. Das Kunsthandwerk der Töpferei wurde weitergepflegt, doch weisen diese späten Erzeugnisse in Stil und Dekoration eine wesentliche Veränderung auf. Unter den neuen Vasenformen fällt vor allem der Becher auf hohem Fuß auf, der an die Form unserer Champagnerschalen erinnert. Im Dekor wird eine gewisse Erstarrung wahrnehmbar, die Naturformen werden immer weiter abgebaut. Das einst so beliebte Motiv des Oktopus, das auf Tongefäßen zoologisch treu wiedergegeben wurde, tritt nun in strenger Stilisierung auf Bechern und Vasen auf. Diese Entwicklung schreitet bis zur Abstraktion fort, der auch die menschliche Gestalt unterworfen wird. Die schöne jugendliche Göttin, deren Epiphanie in minoischer Zeit so graziös dargestellt wurde,

19

erscheint nun in Gestalt jener merkwürdigen Idole mit erhobenen Armen, wofür die berühmten „Mohngöttinnen von Gázi" aus spätminoischer Zeit als Beispiel angeführt seien.

Diese Veränderungen, die hier in so einschneidender Weise vor sich gingen, sind nicht allein dem Absinken der kretischen Kultur zuzuschreiben; man spürt vielmehr, daß hier ein andersgearteter – ja dem Kretischen geradezu entgegengesetzter – Formwille am Werke war. Die Neigung zur Stilisierung und Schematisierung, verbunden mit einer gewissen Naivität der Darstellung, wie sie für junge Epochen bezeichnend ist, sind Merkmale einer Übergangsphase und eines Durchdringungsprozesses, hervorgerufen durch die Zuwanderung jener Festlandgriechen, der Mykener, die eine neue Kultur begründeten.

So beruhigend friedlich die minoische Ära in Kreta – zumindest im Spiegel ihrer Kultur – verlaufen war, so unerbittlich und unaufhaltsam geriet Kreta in den zerstörerischen Sog des gewaltigen Umbruchs gegen Ende des zweiten Jahrtausends, der das östliche Mittelmeer durch das Eindringen neuer Völker in Chaos und Unsicherheit stürzte. Der Volksstamm der Dorer, der ganz Griechenland eroberte, bemächtigte sich der Insel Kreta, die von nun an in die völlige Abhängigkeit von Hellas geriet und für Jahrhunderte ein Schattendasein ohne geschlossene innere Einheit führen mußte. Kreta erlebte von da an die politischen Schicksale Griechenlands nur mehr am Rande.

Die dorische Herrschaft spiegelt sich unverkennbar im kretischen Kulturbild. So wird zum Beispiel der Griechische geometrische Stil – diese Hochleistung Attikas – auf kretische Vasen gezaubert, die in Form und Dekor ihre minoischen Ahnen nicht verleugnen können; und im 7. Jahrhundert gibt es im antiken Rhizenia in Mittelkreta archaische Tempel mit kriegerischen Reiterfriesen und griechischen Göttinnen. Das 7. Jahrhundert bringt jedoch für Kreta noch einmal einen großen legendären Namen: der Bildhauer Dädalos schuf damals in Kreta mächtige Steinskulpturen, die zweifellos die griechische Kunst befruchteten. Seine Gestalt verschmilzt im Nebel der Frühgeschichte mit jenem Dädalos am Hof des Königs Minos, der – einem Leonardo da Vinci vergleichbar – Bildhauer, Architekt und Techniker war, der das Labyrinth baute und der die erste Flugmaschine entwarf, um auf ihr vor Minos zu fliehen, wobei sein einziger Sohn Ikaros ins Meer stürzte; er war der Sonne zu nahe gekommen.

Im 1. Jahrhundert v. Chr. kamen die Römer als Eroberer und gliederten die Insel für nahezu ein halbes Jahrtausend ihrem Imperium ein. Sie machten Górtis (Gortyn) zur Provinzhauptstadt, in der sich heute neben bedeutenden römischen Resten die Ruine der Basilika des hl. Titus erhebt, des ersten Bischofs von Kreta, der im Auftrage des Apostels Paulus hier das Christentum verbreitete; das war im Jahre 60 n. Chr.

In den folgenden für Kreta so schweren und turbulenten Jahrhunderten gab es eine endlose Kette von Besetzungen durch fremde Machthaber: darunter die Osmanen, Byzantiner, Venezianer und Türken; sie alle beuteten die Insel für ihre Zwecke aus. Bis zur Befreiung vom türkischen Joch 1808 bzw. bis zur endgültigen Eingliederung in den griechischen Staat 1913 war Kreta der Schauplatz kaum abbrechender blutiger Aufstände, Revolutionen, Freiheitskämpfe und Widerstandsbewegungen gegen oft grausamste Unterdrücker. Es war ein immerwährendes Ringen um Unabhängigkeit und Freiheit.

Die Geschichte der kretischen Freiheitsbewegung, streng genommen seit dem Untergang der minoischen Kultur, muß noch geschrieben werden; diese Historie zähesten Widerstandes und beispielloser Tapferkeit wäre zugleich die Überlebensgeschichte des kretischen Volkes. In jeder alteingesessenen Familie Kretas gibt es noch heute Angehörige – und sei es aus weit zurückliegenden Generationen –, die für Kreta gefallen sind.

BEVÖLKERUNG

Die heutigen Bewohner Kretas, es sind ungefähr 460.000, stellen wie fast überall in der Ägäis eine Mischung aus verschiedenen Rassen dar, was aus dem vielseitigen Gepräge der einzelnen Volkstypen leicht zu erschließen ist; bei den zahlreichen Umwälzungen, Umstürzen und fremden Besetzungen bis in jüngste Gegenwart herauf sowie durch die Zuwanderung neuer Volksgruppen ist diese Vielfalt an Rassen und Charakteren nicht verwunderlich. Doch alle sind sie Kreter und wollen nur Kreter sein und bleiben, und alle sprechen sie griechisch. Der Großteil der Bevölkerung ist wohl dem dunkelhaarigen mediterranen Typus zuzurechnen; ihre minoischen Vorfahren waren kleiner von Wuchs – im Durchschnitt nur 1,60 m groß. Doch scheint es sie tatsächlich noch zu geben, diese „Eteokreter" mit den großen dunklen Augen und die zierlichen Damen mit den vollen Lippen und der vorspringenden kleinen Nase, die der „Pariserin" aus dem Palast von Knossós gleichen. Einer solchen „Minoerin" kann man noch heute leibhaftig begegnen, z. B. in Gestalt der Managerin des ehemaligen Hotels „Candia Palace" in Iráklion. Die „Eteokreter", die wahren Kreter, nannten die Griechen jenes Volk, das sich nach dem Zusammenbruch der minoischen Kultur vor der dorischen Invasion in unzugängliche Berge flüchtete. In Ostkreta wurden sogar einige Inschriften gefunden, die auf diesen Volksstamm zurückgehen, dessen Sprache noch bis in klassische und hellenistische Zeit erhalten blieb.

Ihre alten Trachten haben die Kreter von heute allerdings abgelegt, sie werden nur mehr bei bestimmten festlichen Anlässen hervorgeholt; doch gibt es auf dem Lande noch Gelegenheit, einem echten Kreter in Pluderhose, der Vráka, und hohen Stiefeln, den Stivánia, mit Schärpe, gestickter Jacke und Fransenkopftuch, dem Saríki, zu begegnen. Die Jugend aber trägt im fernsten Dorf zumeist schon westliche Kleidung, denn man darf nicht vergessen, daß auch das entlegene Dorf irgendwo an das Straßennetz angeschlossen ist und seine Busverbindung zur nächsten Stadt hat.

Die allgemeine Ansicht, daß man nur draußen auf dem Lande, in den entlegenen Dörfern Berührungspunkte mit dem Volk fände, stimmt nur zum Teil. Menschliche Kontakte, wie sie sicher in den Dörfern leicht und oft zustande kommen, lassen sich ebenso im städtischen Gebiet anbahnen, wo auch die sprachlichen Schwierigkeiten eher wegfallen. Der Kreter ist immer ein Kreter, sei er Hotelbesitzer, einfacher Mann oder Landwirt. Er ist kontaktfreudig, liebenswürdig, sehr offen und hilfsbereit, wo immer wir seiner bedürfen. Was ihm an ländlicher Naivität in der Stadt fehlt, ersetzt er durch impulsiveres, gewandteres Entgegenkommen. Menschen findet man in Kreta immer, vor allem, wenn man sie sucht, wenn man sich von der großen Touristenmasse absetzt. Wunderschön ist es, mit jungen Menschen ins Gespräch zu kommen. Die Griechen sind ein sprachbegabtes Volk, und die Jugend sucht auch auf dem Lande gerne den Kontakt mit Ausländern, um ihre Sprachkenntnisse zu zeigen und zu erweitern. Es kann vorkommen, daß ein junger Student oder ein Gymnasiast einem Touristen die Sehenswürdigkeiten seiner Stadt oder seines Dorfes zeigen möchte, oder sich bereit erklärt, als Begleiter in diese oder jene schwer auffindbare Gegend mitzukommen. Auch die berühmte kretische Gastfreundschaft gibt es noch, ja, sie nimmt geradezu antike Größe an, je weiter man von den Hauptstraßen weg in abseits liegende Dörfer kommt. Bei den Griechen gibt es für Fremdling und Gast nur ein Wort: Xénos, und das Hotel heißt heute noch Xenodochíon.

VERWALTUNG

Die Insel Kreta ist 8300 Quadratkilometer groß und zählt heute rund 460.000 Einwohner. Verwaltungsmäßig ist die Insel in vier Kreise (Nomoí) gegliedert: Chaniá, Iráklion, Réthymnon und Lassíthi mit den zugehörigen Hauptstädten: Chaniá, das zugleich Inselhauptstadt ist, Iráklion, Réthymnon und Ájios Nikólaos. Jeder Kreis setzt sich aus mehreren Bezirken (Eparchíes) zusammen, die jeweils wieder ihre eigene Hauptstadt haben. So zählt zum Beispiel der Nómos Iráklion sieben Bezirke, Réthymnon und Lassíthi je vier und Chaniá fünf

Bezirke. Justiz-, Polizei- und Schulwesen werden zentralistisch von Athen aus geleitet. Seit jüngster Zeit gibt es in Kreta eine Universität, deren Fakultäten vorläufig auf die drei Städte Iráklion (Medizin und Naturwissenschaft), Réthymnon (Philosophie) und Chaniá (Technik) aufgeteilt sind.

ÜBER STRASSEN UND VERKEHRSMITTEL

Das Straßennetz der Insel ist in den letzten Jahren erheblich ausgebaut worden. Nicht immer zur Freude der Landschaftsschützer, so es solche in Kreta geben sollte, wurde an der Nordküste die von West nach Ost durchgehende Autobahn von Kastélli-Kissámou bis Sitía fertiggestellt; zahlreiche Nebenstraßen wurden – auch im Süden – neu asphaltiert. Es wurde auf diesem Sektor tatsächlich viel geleistet. Immerhin muß man in Kreta noch mit vielen nicht-asphaltierten, schwer befahrbaren Sandstraßen rechnen, die je nach Witterung mehr oder weniger gut benützbar sind. Kreta besitzt seines gebirgigen Charakters wegen zahlreiche gefährlich anmutende Bergstraßen, die – oft ungesichert – dem Fahrer manche Schwierigkeit bereiten, doch finden sich immer Taxichauffeure, die mit solchen Problemen fertig werden und ihre Insassen sicher ans Ziel bringen. „No problem!", das kann man oft von solchen geschickten Fahrern hören, wenn man ihnen seine Sorgen mitteilt. Dieses „No problem!" ist überhaupt eine oft vernommene Redensart, mit der einheimische tüchtige Männer die Touristen über manche Mängel freundlich beistehend hinwegtrösten.

Die schönsten Erlebnisse bieten sich auf erwanderten Wegen; diese meist von Maultieren begangenen Pfade führen in die straßenlosen Gebirgsgegenden, deren Kreta so viele besitzt. Für stundenlanges Wandern auf schmalen, steinigen Pfaden ist ein Esel oder ein Maultier ein guter Kamerad, der auch geduldig das schwere Gepäck über steile Hänge transportiert. Für Wanderungen auf die hohen Berggipfel Kretas, wie zum Beispiel auf den Ida oder in die zerklüfteten Lefká Ori, ist unbedingt ein Bergführer zu empfehlen.

Kreta besitzt ein ausreichendes Netz von Buslinien. Überall wo es befahrbare Straßen gibt, sind auch Busse vorhanden mit fahrplanmäßigen Verbindungen über die ganze Insel. Wer ohne eigenen Wagen kommt, wird bei mehr Zeitaufwand mit diesem Verkehrsmittel das Auslangen finden. Die Busse haben in jeder Stadt ihre Autobahnhöfe, deren Bedienstete immer gerne jede gewünschte Auskunft geben. Eine andere Möglichkeit, auf der Insel herumzukommen, ist das gemietete Auto, das in jeder kretischen Stadt zur Verfügung steht; die Preise werden pro Kilometer plus einem Tagesfixum berechnet.

Die dritte Möglichkeit, Kreta kennenzulernen, sind die von Reiseagenturen und Touristenbüros veranstalteten Ganz- und Halbtagsausflüge zu den verschiedenen Sehenswürdigkeiten mit begleitendem Führer. Die bequemste Art, auf der Insel herumzufahren, ist ohne Zweifel das Mieten von Taxis; dies bringt den gleichen Vorteil der Unabhängigkeit von einer Reiseroute, wie dies beim gemieteten Wagen der Fall ist. Bei einer Beteiligung von mehreren Personen verbilligen sich solche Touren, die auch auf mehrere Tage ausgedehnt werden können, wesentlich. Die Fahrtaxen sind amtlich festgelegt, und eine vorherige genaue Vereinbarung mit dem Chauffeur erspart eventuelle spätere Mißverständnisse. Außerdem sind die Büros der EOT, der Griechischen Zentrale für Fremdenverkehr, und die Touristenpolizei auch hier jederzeit behilflich. Im Grunde sind die Taxichauffeure ehrlich und hilfsbereit; falls man ein Taxi für mehrere Tage benötigt, wird der Chauffeur, der die Gegend meist gründlich kennt, auch ein guter Berater und Helfer bei unvorhergesehenen Ereignissen sein.

KLIMA UND REISEZEIT

Das kretische Klima gilt im allgemeinen als mild und mediterran, doch zeigt es gewisse scharfe Gegensätze: Trockenen, sehr heißen Sommern von Mitte Mai bis Ende September steht eine milde bis feucht-kühle Witterung in den übrigen Monaten gegenüber, wo es zu Regentagen kommen kann; in den Gebirgsgegenden gibt es auch Kältegrade und Schnee. Heftige Regengüsse und schwere Gewitter sind in dieser Zeit nicht selten, doch halten sie nicht lange an, und bald setzt sich die warme Sonneneinstrahlung durch. Die Nordküste wird besonders in den Sommermonaten von Stürmen heimgesucht, während es im Süden, vor allem im westlichen Süden der Insel, auch in den Wintermonaten windstille Tage gibt. Die beste Reisezeit liegt wie für ganz Griechenland zwischen Anfang April bis Mitte Mai, wo die ganze Insel in Flor steht, und von Mitte September bis Mitte Oktober, wo die gelblichen Herbstfarben dominieren und wo man noch in einem warmen Meer bis zu 25 Grad Celsius baden kann.

23

RUNDFAHRTEN UND AUSFLÜGE

Iráklion (Hieraklion) und seine nähere Umgebung

Iráklion, die größte Stadt Kretas mit ungefähr 85.000 Einwohnern, ist der ideale Ausgangspunkt für eine Reise durch die Insel. Sie bietet bequeme Anschlußwege nach Ost und West, und im nahegelegenen Knossós hat man Gelegenheit, das Zentrum der minoischen Kultur kennenzulernen. Hieraklion war ursprünglich jener Hafen von Knossós, wo Herakles an Land ging, um den feuerspeienden kretischen Stier zu bändigen, darum nannten es die Griechen Herakleia.

Am schönsten bietet sich die Stadt vom Meere aus. Wer zu Schiff mit einer der bequemen Nachtfähren von Piräus aus nach Kreta reist, erlebt das Wunder der ganz visionär auftauchenden, fast immer schneebedeckten Berggipfel Kretas im Morgenlicht und die Einfahrt in den Hafen mit Blick auf die venezianische Seefestung an der langen Mole. Dieses Fort ist das erste markante Bauwerk des alten Candia – wie die Venezianer die Stadt nannten –, das den vom Meere Kommenden begrüßt. Der große Festungsbaumeister Michele Sanmicheli aus Verona erweiterte im 16. Jahrhundert die schon sehr brüchigen Fortifikationen, wodurch Candia zur stärksten Seefestung des Mittelmeeres wurde. Die großartigen, noch gut erhaltenen Wälle mit ihren gewaltigen Bastionen umgeben die Altstadt noch heute in einer Länge von fünf Kilometern. Die Martinengo-Bastion beim Bethlehemtor gewährt eine herrliche Aussicht über die Stadt; sie beherbergt das Grab des bedeutenden kretischen Dichters und Schriftstellers Nikos Kazantzakis (1893–1957), der in seinen bekannten Romanen „Aléxis Sorbás", „Freiheit oder Tod" und „Rechenschaft vor El Greco" seiner Heimat ein Denkmal setzte.

An anderen sehenswerten Bauten dieser Stadt sollte man nicht vorübergehen, denn außer seinem weltberühmten Archäologischen Museum bietet Iráklion eine Reihe von Kostbarkeiten, die allerdings über die ganze Altstadt verstreut liegen; doch gönne man sich ein bis zwei Halbtage, um sie in dem pulsierenden Gewirr von Gassen und Gäßchen aufzufinden, was mit einem Stadtplan sicher gelingen wird. Auf dem Ajía-Ekateríni-Platz steht hinter der großen neuen Kathedrale Ájios Minás eine bezaubernde kleine Kirche aus dem 18. Jahrhundert, die ebenfalls dem hl. Minas geweiht ist und die im Volksmund „Der kleine Minas" genannt wird. Sie ist durch ihre bedeutenden Ikonen und eine schöne vergoldete Ikonostasis interessant und sehenswert. Nicht weit davon, am gleichen Platz, liegt die zum Ikonenmuseum umgewandelte Renaissancekirche der Ajía Ekateríni, in der sich früher die Hohe Schule des Katharinenklosters vom Berge Sinai befand, die von bedeutenden kretischen Humanisten und Künstlern besucht wurde.

Die große Sehenswürdigkeit dieses interessanten Museums bilden die sechs großen Ikonen des Michael Damaskinos, der zu den bedeutendsten Meistern der kretischen Malerei des 16. Jahrhunderts zählt und dessen Einfluß weit über den Bereich der Insel hinaus wahrnehmbar wird. Die Themen dieser sechs Gemälde sind folgende: Anbetung der Könige, Das Letzte Abendmahl, Madonna im brennenden Dornbusch, Noli me tangere, Das Konzil von Nikäa, Die Heilige Messe. Damaskinos hielt

Kirche zur Verklärung Christi auf dem Berge Joúchtas. Dieses Kirchlein steht vielleicht an der Stelle eines einstigen minoischen Gipfelheiligtums, von dem heute keine Spuren mehr vorhanden sind. Der Joúchtas ist durch seine charakteristische Silhouette, die an ein zurückgelehntes Haupt gemahnt, allen Besuchern von Iráklion und Knossós wohlbekannt; in ihm wird das Profil des Götterkönigs Zeus gesehen, dessen Grab auf dem Joúchtas liegen soll.

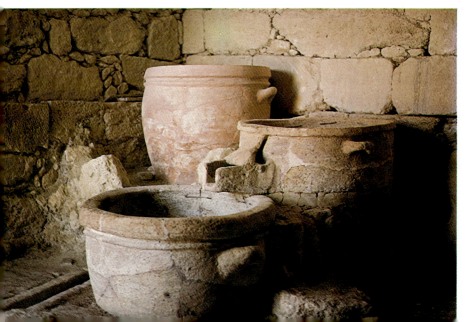

Oben: Minoisches Herrenhaus in Vathípetro bei Archánes. Man fand hier zwischen Feldern und Weingärten ein ungeplündertes minoisches Landgut mit allem Zubehör. Links: Vathípetro bei Archánes. Eine vollständig erhaltene Anlage zum Traubenpressen. In einem breiten Gefäß wurden die Trauben zerstampft, deren Saft dann in einen im kühlen Boden versenkten Pithos floß.

Oben: Der minoische Palast von Mália in zauberhafter Frühlingslandschaft, im Hintergrund das Lassíthi-Gebirge. Rechts: Opferstein (Kernos) im Palasthof von Mália

Unten: Palast von Mália. Der große Pithos am Eingang des Palastes, im Hintergrund das Ruinenfeld

Das Dorf Kritsá in Ostkreta ist durch seine Wollverarbeitung berühmt. Die gefärbten Webereien werden zum Trocknen aufgehängt und damit zugleich ausgestellt.

Kritsá. Die Kirche der „Gottesmutter, der Herrin", Panajía í Kerá, aus dem frühen 13. Jahrhundert, liegt kurz vor dem Dorfeingang in einem Olivenhain verborgen. Sie zählt vor allem ihrer großartigen Fresken wegen zu den schönsten byzantinischen Kirchen von Kreta.

Bick auf die Stadt Ájios Nikólaos von der Mirabello-Bucht aus

sich auch in Italien auf, wo er Anerkennung und Berühmtheit erlangte, und diese italienischen Lehrjahre hinterließen unverkennbare Spuren in seinen Werken.

Auf dem Wege zum Ajía-Ekateríni-Platz trifft man auf eine Straße der Schmiede, wo heute noch wie vor Jahrhunderten dieses Handwerk in der alten Weise ausgeübt wird.

Auf dem Venizélo-Platz stehen der als Wahrzeichen der Stadt bekannte Morosini-Brunnen aus dem 17. Jahrhundert sowie die Ájios Márkoskirche, die heute eine Sammlung von Kopien byzantinischer Wandmalereien aus kretischen Kirchen beherbergt. Auch ein Besuch der Ájios-Títos-Kirche empfiehlt sich. Diese ursprünglich frühbyzantinische Kirche wurde unter den Türken noch im 19. Jahrhundert in eine Moschee verwandelt; heute ist sie Metropolitenkirche von Iráklion. Nicht zu vergessen sei am Morgen der Besuch der malerischen Marktstraße mit ihren bunten Obst- und Gemüseständen und des kleinen links abzweigenden Sträßleins, das aus winzigen Tavernen und Eßlokalen besteht, in denen man würzige kretische Gerichte bekommt, die der einfache Kreter hier zu seinem Retsína – oft im Vorübergehen – verspeist.

KNOSSOS

Der Palast von Knossós, diese meistbesuchte Stätte Kretas, liegt fünf Kilometer von Iráklion entfernt, eingebettet zwischen Weinberge und Ölhaine, Zypressen und Pinien, mit Blick auf den Joúchtasberg, der einst ein Heiligtum des Zeus auf seinem Gipfel trug. Das freie Gelände fällt nach Osten ab, so kommt es

zu einer höchst reizvollen Anordnung und Aufgliederung der einzelnen Bauelemente in verschiedenen Terrainlagen. Alles scheint auf den ersten Blick hingestreut und verwirrend: War der Palast mit seinen tausend Kammern doch in den Augen der Griechen das Labyrinth, in dem Theseus, der griechische Königssohn, den Minotauros bezwang, und aus dem er mit Hilfe des Fadens der Ariadne den Weg zurück fand und flüchtend die schöne Königstochter mit sich führte.

Was heute vom Palast zu sehen ist, geht fast ausschließlich auf die Zweite Palastzeit ab 1700 v. Chr. zurück. Die Rekonstruktionen stammen von Sir Arthur Evans, der Anfang des 20. Jahrhunderts mit der Ausgrabung des Palastes begann. Die vielfachen Diskussionen über diese Rekonstruktionen, die sich, lange nach Evans' Tod, in den letzten Jahrzehnten ergaben, mögen den berühren, der wissenschaftlich genug fundiert an das Problem heranzugehen die Möglichkeit hat und sich so ein eigenes Urteil zu bilden vermag. Für den unvoreingenommenen Kreta-Reisenden ist das Lebenswerk von Sir Evans, das noch in die ersten Jahrzehnte archäologischer Forschung überhaupt zurückreicht, eine wertvolle Hilfe zur Bildung einer konkreten Vorstellung von minoischen Palastbauten; für das Verständnis der drei großen Paläste in Festós, Mália und Káto Zákros, die sich ohne wesentliche Ergänzungen über den Grundmauern erheben, wird die Besichtigung von Knossós nur von Vorteil sein.

Der kretische Palast, die Wohnung und Residenz des Königs und seiner Familie, bildet ein vielgliedriges raffiniertes System von Wohn-, Kult- und Wirtschaftsräumen, die sich um einen rechteckigen Mittelhof gruppieren. Auf

Das „Stierspringerfresko" aus dem Ostflügel des Palastes von Knossós. Zu den großen kultischen Schaustellungen der Minoer gehörte das gefährliche Stierspringen, wobei mit akrobatischer Bravour über dem heranstürmenden Stier ein Salto auszuführen war. Zweite Palastzeit, um 1500 v. Chr. Iráklion, Archäologisches Museum

diesem Hof sollen die berühmten, wohl mehr ritualen als sportlichen Stierspringer-Spiele stattgefunden haben, wie sie auf einem Fresko von Knossós dargestellt sind. Sehr bezeichnend für die minoische Architektur ist die reiche Verwendung von hölzernen Säulen, die in runden Vertiefungen stehen und die sich nach oben verbreitern (Stuhlbeinkonstruktion); ein wulstartiges rundes Kapitell schiebt sich zwischen Säule und Gebälk. Licht- und Luftschächte, gedeckte Terrassen und Loggien schützen vor direkter Sonneneinstrahlung. Weite Treppenanlagen gleichen die Höhenunterschiede des Terrains aus. So gelangt man zum Beispiel im Palast von Knossós durch ein prächtiges dreigeschossiges Treppenhaus in den privaten Trakt der königlichen Familie. Hier liegt das „Zimmer der Königin", das jene sanitären Einrichtungen enthält, deren sensationelle Entdeckung seinerzeit in der ganzen zivilisierten Welt großes Aufsehen erregten. Badezimmer und WC gab es also schon vor dreieinhalbtausend Jahren. Vom Mittelhof in Knossós öffnet sich der Thronsaal des Priesterkönigs mit Vorraum und kultischem Bad. Der originale Thron aus geädertem Alabaster steht hochlehnig und schmal an der Rückwand, die ein großes Fresko mit zwei Greifen als symbolische Wächter schmückt. Fresken gab es in Knossós nahezu in jedem Wohnraum. Evans ließ sie ablösen und von Piet de Yong, einem Maler mit großem Einfühlungsvermögen, ergänzen; heute befinden sich diese Fresken im 1. Stock des Archäologischen Museums in Iráklion. In Knossós ist in einem Raum über dem Thronsaal eine kleine Auswahl von Kopien dieser Wandmalereien zur Schau gestellt.

Die Fresken aus der Zweiten Palastzeit geben Aufschluß über Leben und Kultur der minoischen Epoche, über religiöse Vorstellungen und Kulte, Zeremonien und dergleichen. Ganz konkret erfahren wir, wie der minoische Mensch aussah. Die Jünglinge werden mit dunkler Hautfarbe dargestellt, schlank, mit schmaler Taille und breiten Schultern; das Antlitz wird im „ägyptischen Profil" gezeigt, das Auge frontal, Gesicht und Unterkörper in Seitenansicht. Die Augen waren groß und dunkel, die Nase gerade. Die Damen sind von

„Zimmer der Königin" mit Delphin-Fresko im Palast von Knossós. Rekonstruktion. Das Original des Delphin-Freskos (um 1600 v. Chr.) befindet sich im Archäologischen Museum in Iráklion

besonderem Liebreiz, in höfischer Toilette mit Schnürmieder und großem offenen Dekolleté, Lockenfrisuren mit viel Schmuck. Die weiten Röcke sind gebauscht wie im Rokoko und trugen Volants. Die Maler dieser Fresken hatten Phantasie, sie gingen mit einer gewissen Naivität an Themen heran, die immer problematisch waren, zum Beispiel die Darstellung einer großen Menschenmasse vor einer Palastfassade oder von Festlichkeiten mit vielen Zuschauern. In der Zweiten Palastzeit erreichte die kretische Malerei ihren Höhepunkt. Es gab den „Meeres- oder Pflanzenstil", bei dem alle Geschöpfe zu Wasser und zu Land in die Darstellung einbezogen wurden. Was es jedoch im minoischen Kreta nicht gab, waren monumentale Tempel und große Kultstatuen. Wir finden davon in Knossós keine Spur. In den Palästen gab es kapellenähnliche Nischen, wo man sakrale Gegenstände aufstellte, wie die heiligen Stierhörner und die Doppeläxte; beide

„Lilienprinz", auch „Priesterkönig" genannt; Fresko aus dem Palast von Knossós. Der Jüngling trägt den minoischen Lendenschurz und als Kopfschmuck eine Krone aus Lilien und Pfauenfedern. Er führt mit der linken Hand einen Greifen oder eine Sphinx. Zweite Palastzeit, um 1500 v. Chr. Iráklion, Archäologisches Museum

Goldring aus dem Königsgrab von Isópata bei Knossós mit Darstellung der Epiphanie (Erscheinung) einer Göttin auf blumiger Wiese; drei Frauengestalten umtanzen sie in der anbetenden Haltung mit den erhobenen Armen. Um 1500 v. Chr. Iráklion, Archäologisches Museum

Symbole tauchen überall dort auf, wo es um kultische Bereiche ging. Die großen Heiligtümer lagen auf Bergen und Felsen, wo ihnen ihre Göttinnen erschienen; die kultischen Darstellungen der minoischen Zeit lassen auf eine Religion mit einer weiblichen Gottheit als

Zentralgestalt schließen. Es muß eine sehr großartige, an die Natur hingegebene Religion gewesen sein.

Die Tausende von Fundgegenständen, die einst den Palast verschönten, samt allen konservierten Fresken, befinden sich jetzt im Archäologischen Museum in Iráklion und geben dort neben den übrigen Funden aus ganz Kreta ein lückenloses Bild der minoischen Kunst.

ARCHANES UND VATHIPETRO

Südlich von Knossós, am Fuße des Joúchtas, liegt das Dorf Archánes, mitten im größten Weinbaugebiet der Insel. Für Kretafreunde, die nicht gerne im unruhigen Iráklion Aufenthalt nehmen wollen, sei hier ein Tip gegeben: In Archánes gibt es ein Hotel, das sich für einen längeren Aufenthalt eignet und das eine gute Busverbindung nach Knossós und zur Stadt (15 km) besitzt. Von Archánes kann auch der Joúchtas bestiegen werden.

Nach dem Zweiten Weltkrieg wurde hier eine interessante Entdeckung gemacht. Vier Kilometer von Archánes entfernt fand man in Vathípetro einen vollständig erhaltenen, ungeplünderten minoischen Gutshof, der zur Zeit der Zweiten Paläste – um 1580 v. Chr. – entstand und der alles über einen kretischen Landwirtschaftsbetrieb vor dreieinhalbtausend Jahren aussagt. Man fand dort neben einem Herrenhaus alle zu einem Gutshof gehörigen Wirtschaftsräume und Geräte. Es stehen hier noch Ölpressen, Töpferscheiben, ein Brennofen, Vorratsmagazine mit riesigen Pithoi für Öl und Wein, und als große Sensation für das Weingebiet Archánes eine vollständig erhaltene Vorrichtung zum Traubenpressen in einem eigenen plattenbelegten Raum des untersten Geschosses. Dieser Raum wird sorgfältig verschlossen gehalten; das Licht strömt durch eine Öffnung auf die ganz aus Ton gefertigte Preßanlage, die so gut erhalten ist, daß man meint, noch den Duft von Trebern zu verspüren. Man erlebt wie auf griechischen Vasenbildern diesen ganz im Dienste des Weingottes Dionysos stehenden Vorgang der Weinbereitung: Die Trauben werden in einem großen Gefäß von flinken Füßen zerstampft, und der prickelnde Rebensaft ergießt sich in einen zur Kühlung halb in die Erde versenkten Bottich, von dem der Traubensaft durch einen Kanal in die unterirdischen Vorratsräume geleitet wird.

TILISSOS · ANOJIA · AXOS

Ein Ausflug zu diesen drei Gebirgsdörfern ist in einer Tagestour leicht zu bewältigen. *Tílissos* liegt 14 km südwestlich von Iráklion. Am Anfang des 20. Jahrhunderts haben die Ausgräber in dankenswerter Weise hier Pinien gepflanzt, wo der Spaten die Erde aufgewühlt hatte, um die Mauern von vier Villen freizulegen. Es handelt sich um Bauten mit den typischen minoischen Pfeilersälen, Wohnräumen und Magazinen, die eine gute Vorstellung von minoischen Herrenhäusern vermitteln. Es wurde hier viel Bronzegerät ausgegraben, so die riesigen Bronzekessel im Museum von Iráklion (Saal XVII), die man sich nur als Menagekessel für eine Großverpflegung vorstellen kann, vielleicht für die Landarbeiter in den Gutshöfen.

37

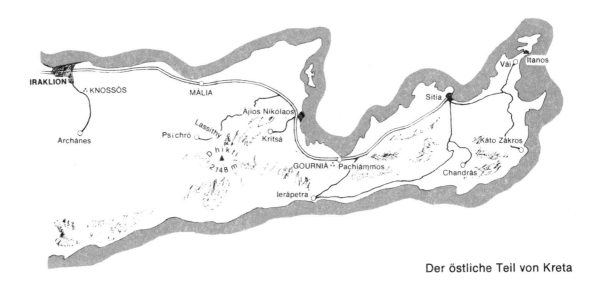

Der östliche Teil von Kreta

Die Straße steigt von hier über Goniés zu dem 800 m hoch gelegenen Bergdorf *Anójia* hinauf, das im Zweiten Weltkrieg zerstört wurde. Heute steht Anójia als wieder aufgebautes schmuk-kes Dorf in der heroischen Landschaft des Idagebirges, und seine Einwohner sind fleißige Bergbauern, die mit der Wolle ihrer Schafher-den eine kleine Hausindustrie errichteten. Anójia gleicht einem Basar von schön gefärb-ten handgewebten Teppichen und praktischen Wollsachen, die ihrer bekannt guten Qualität wegen reichlichen Absatz finden. Für Hochtou-risten bietet sich von hier aus die Möglichkeit einer Wanderung zur Idäischen Zeusgrotte am Osthang des Idagebirges, die in einer Höhe von 1540 m die höchstgelegene Höhle Kretas darstellt. Der Sage nach ist hier der Ort, wo Zeus seine Kindheits- und Jugendjahre ver-brachte und wo sich der Gott später mit seinem Sohn, dem König Minos, von Zeit zu Zeit zu Besprechungen über Recht und Gesetz zu treffen pflegte.

Von Anójia aus gelangt man nach 8 km zum letzten Ziel der geplanten Tagestour: nach *Axós.* Es gehörte zu jenen frühen dorischen Gründungen, die sich zu beherrschenden

Burgstädten aufschwangen und durch ihre großartige strategische Lage mächtig und unabhängig wurden. Heute kann man in dem Bergdorf von der antiken Stadt kaum mehr etwas wahrnehmen, hingegen ist die landschaftliche Lage großartig, und es gibt dort sehenswerte byzantinische Kirchen, die gute Fresken besitzen.

Die Fresken in den Hunderten von kretischen Kirchen und Kapellen sind das Sorgenkind der griechischen Denkmalpflege. Jahrhunderte hindurch blieben diese Kunstschätze unbetreut, der Feuchtigkeit und Verwitterung preisgegeben; doch kommt eine Rettung für viele solcher Wandmalereien oft schon zu spät. Man versucht nun allmählich, den Rest des Verbliebenen zu erhalten und zu konservieren, eine gewaltige Aufgabe, denn immer noch soll es in Kreta an die 800 Kirchen geben, die Fresken enthalten. Kopien der bedeutendsten dieser Werke sind in der Markuskirche in Iráklion ausgestellt und mahnen daran, diese Schätze kretischer Kunst zu erhalten.

VRONDISSI · VALSAMONERO · KAMARES

Um die zweite berühmte Höhle des Ida-Gebirges – die Kamáresgrotte – kennenzulernen, nehme man am besten von Iráklion aus die Straße in Richtung Messará, die bei der Beschreibung der Fahrt nach Festós näher behandelt wird, und fahre mit dem Wagen oder mit Lokalbus bis zum Dorf Ajía Varvára. Am Ausgang des Dorfes zweigt die Straße, die zu den Klöstern Vrondíssi und Valsamónero führt, in Richtung Kamáres im Ida-Gebirge ab. Ungefähr 18 km nach Ajía Varvára führt rechts ein steiler Weg auf den Hügel mit dem *Kloster Vrondíssi*. Der Blick umfaßt hier das ganze weite Tal. Im Klosterhof steht, umschattet von alten Platanen, ein venezianischer Renaissancebrunnen, der zu den schönsten in Kreta zählt: ein Relief zeigt zwischen Pilastern die Figuren von Adam und Eva im Paradies. In der Klosterkirche Ájios Antónios, in der man kürzlich Wandmalereien freilegte, befanden sich bis zum Jahr 1800 jene sechs großen Ikonen des Michael Damaskinos, die jetzt im Ikonen-Museum der Ajía Ekateríni-Kirche in Iráklion ausgestellt sind. Gegenüber diesem Kloster, jenseits der Hauptstraße und jenseits einer Schlucht, liegt die von hier aus schwer erreichbare Kirche Ájios Fanoúrios, die zum heute nicht mehr existierenden Kloster Valsamónero gehörte. Diese Kirche, die zwei Bauperioden, im 14. und 15. Jahrhundert, entstand, besitzt wertvolle Fresken aus dem 14. Jahrhundert.

Um die *Kamáresgrotte* zu besuchen, nehme man den Rückweg über das nahe Vorízia und fahre von dort noch 3 km nach dem Dorf Kamáres, das in einer Höhe von 570 m liegt; man kann hier auch übernachten und einen Führer finden. Die Höhle liegt 1250 m hoch in den Felsen und führt 140 m tief in den Berg hinein. Von ihrem Eingang aus bietet sich eine prächtige Sicht bis zum Golf von Messará mit den Paximádhia-Inseln im Süden und über die weite Ebene bis zum Kap Líthinon, der südlichsten Spitze von Kreta. Die Höhle wurde 1894 archäologisch erforscht; es fanden sich ganze Depots von Gefäßen jener herrlichen Gattung, die den Namen ihrer Fundstätte tragen: die in der Ersten Palastzeit entstandenen „Kamáresvasen". Die Grotte war in minoischer Zeit das Ziel zahlreicher Pilger, die einer Natur- oder

Erntegottheit ihre Opfergaben in jenen Gefäßen aus der Ebene herauftrugen, um künftigen Erntesegen zu erflehen.

FODHELE

Das mittlere Stück der Autobahn an der Nordküste, zwischen Pánormos und Iráklion, gehört zu den schönsten Teilen dieser Strecke. Die Küstenstraße führt hoch über dem Meere als prächtige Panoramastraße und erreicht 20 km vor Iráklion die kurze Abzweigung nach Fódhele, dem Geburtsort des Malers Doménikos Theotokópoulos, genannt El Greco (1542–1614), der schon mit 23 Jahren nach Italien auswanderte und dann für immer nach Spanien ging. Von seinen Jugendjahren in Kreta weiß man nur, daß er die Klosterschule vom Berge Sinai in Iráklion besuchte. Das Dorf liegt in einem üppigen grünen Tal und ist außer durch seinen großen Sohn noch durch seine Orangenkulturen und seine liebenswerten Bewohner bekannt. Emsige Mädchen und Frauen arbeiten dort an Stickereien und Spitzen, die sie stolz vor den Fremden ausbreiten und die in ganz Kreta verkauft werden; über Absatzmangel haben sie nicht zu klagen. Das Dorf liegt malerisch an einem Bach, und ein kleiner Spaziergang führt an originellen alten Bauernhäusern mit Backöfen vorbei bis zur kleinen Kirche, die jetzt im Schatten eines großen neu errichteten Kuppelbaues steht.

Von Iráklion nach Ostkreta

Ungefähr 11 km östlich von Iráklion liegt an der alten Straße das schon von Homer erwähnte *Amnissós*, der alte Hafen von Knossós, wo man im Hause des Hafenkapitäns ein wundervolles Lilienfresko fand, das älteste Wandgemälde des „Meeres- oder Pflanzenstils"; es bezeugt die Bedeutung dieser Siedlung in minoischer Zeit. Heute liegt nahe der bescheidenen Mauerreste ein Strandbad. Jenseits der neuen Straße führt eine Abzweigung zur *Höhle der Eileithyia*, jener ältesten Kultstätte Kretas, in der die Urmutter als Geburtshelferin verehrt wurde. Die Höhle wurde mit einem Gitter verschlossen, weil mit zunehmendem Tourismus die diesem Ort gebührende Pietät nicht mehr aufgebracht wird. Die jetzt hoch verlegte neue Küstenstraße gibt den Blick frei für eine weite Sicht auf das Ägäische Meer mit der unbewohnten Insel Dhía, auf der die vom Aussterben bedrohte kretische Wildziege, die Agrími, gezüchtet wird.

MALIA

Dieser Ort war noch vor einem Jahrzehnt ein echt kretisches Dorf mit den typischen weiß-

Gourniá gegen das Meer zu gesehen. Die Siedlung, die als einzige minoische Stadt vollständig freigelegt werden konnte, stammt aus der Zeit um 1600 v. Chr.; sie weist keinerlei Befestigung auf und liegt in der Senke eines Hügels über dem Meere.

Oben: Das Bergdorf Kelária am Wege nach Áno Zákros. Das Dorf ist nahezu entvölkert, nur wenige Familien sind darin noch ansässig. Die Bauweise der Häuser erinnert an Gourniá, das wohl ähnliche Steinhäuser besessen haben wird.

Links: Ausblick vom Belvedere ,,Plátanos'' auf die Inseln Móchlos und Psíra im Golf von Mirabello. Beide Inseln waren in minoischer Zeit besiedelt. Heute sind sie unbewohnt.

Oben: Das „Tal des Todes", eine tief eingeschnittene Schlucht, die in der kleinen Ebene mündet, auf der die Ausgrabungen von Káto Zákros liegen. Links: Im „Tal des Todes". In den tief in den Kalkstein eingefressenen Höhlen und Nischen wurden jahrtausendelang Tote beigesetzt.

Blick auf den minoischen Palast von Káto Zákros

Links: Strand beim Palmenwald von Váï in Ostkreta

Unten: Itanos, auch Ermoúpolis – die einsame Stadt – genannt, auf Kap Sídheros an der nordöstlichen Spitze Kretas

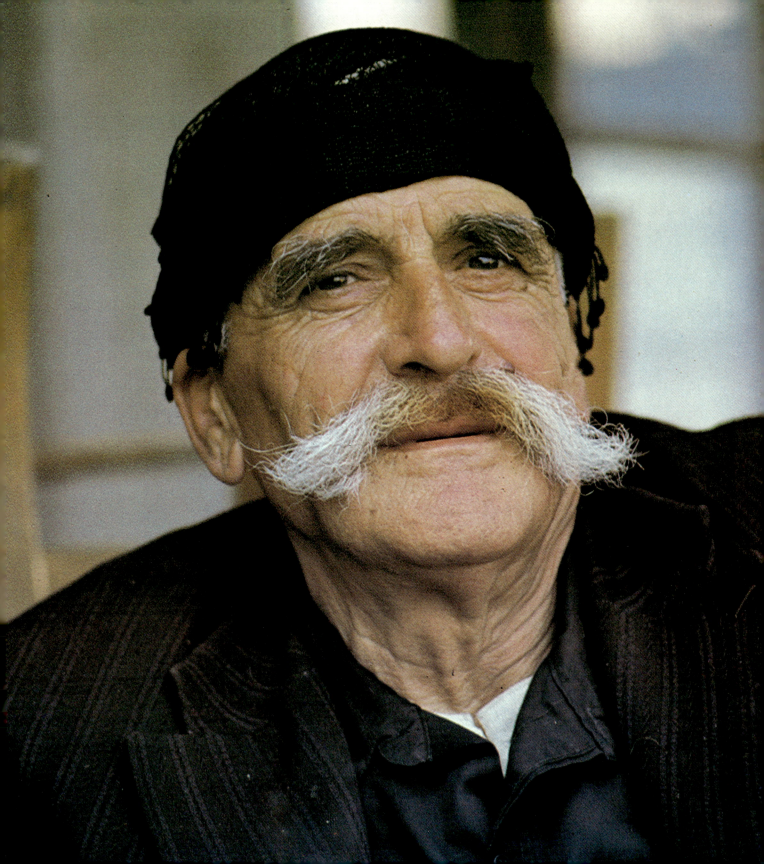

getünchten kubischen Steinhäusern; heute bietet es das Beispiel einer vom Ehrgeiz seiner Bewohner neuzeitlich aufgestockten phantasielosen Siedlung von zusammengewürfelten An- und Umbauten, in denen sich ein Souvenirladen an den anderen reiht. Wer sich von der großen Straße dorfeinwärts wendet, der findet noch alte einfache Bauerhäuser in schmalen Gäßlein, in denen Ziegenställe stehen und Geranien blühen. Die Städte und Dörfer Kretas sind Abbilder einer vielhundertjährigen Entwicklung. Jedoch die Gesetze und Bestimmungen für das Bauwesen, so klagte der Chef der Technischen Kammer von Ostkreta, tragen den Stempel des Zentralismus. Es fehlen weitgehend die Bestimmungen, welche die Anpassung an die regionalen Gegebenheiten und Bedürfnisse berücksichtigen. Mit einem Wort, es gibt in Kreta bis jetzt keine gesetzliche Handhabe zur Eindämmung solcher das Orts- und Landschaftsbild schädigenden Eingriffe. Drei Kilometer weiter liegt vor dem Hintergrund des mächtigen Dhíkti-Gebirges der *Palast von Mália* – unberührt, so wie ihn die Erde herausgab – aus Stein und rötlichem Mauerwerk, das aus Seegras und verbrannter Erde besteht, zerbrochen, voller Wunden alter Zerstörungen, doch von großer Erhabenheit. Der Mythos berichtet, daß Sarpedon, der Bruder des Königs Minos, Erbauer und Beherrscher dieses Palastes gewesen sei, dessen einstiger Name vergessen wurde.

Die französischen Ausgrabungen sind noch im Gange, links vom Eingang steht das niedrige Gebäude der Archäologen. Zwischen Palast und Meer liegt ein Teil der Stadt, die keine Spuren einer befestigten Anlage zeigt. Um sich seines Grundrisses zu vergewissern, muß man den Palast durchwandern. Eine gepflasterte Straße führt über den Westhof bis zum Eingang, der heute durch einen dort aufgestellten hohen Pithos – ein Vorratsgefäß aus Ton – gekennzeichnet ist. Bald wird man sich des Systems bewußt, das man von Knossós kennt: Um einen großen rechteckigen Innenhof reihen sich Kammern, Magazine, eine flache Treppe, die einst ins Obergeschoß führte; keine Aufbauten, keine hölzernen Säulen, kein Alabaster, keine Fresken – und trotzdem können wir den ganzen Palast im Geiste vor uns erstehen lassen. Sicher war er nicht so prunkvoll wie der Palast von Knossós, doch seine Schicksale waren die gleichen; auch er ging 1450 v. Chr. zugrunde – doch wurde er nie wieder aufgebaut. Unter den Funden ist ein runder Opferstein zu erwähnen, der „Kernos", auf dem den Vegetationsgöttern Erstlingsfrüchte zum Danke dargebracht wurden. Aus der Nekropole am Rande der Stadt stammt der berühmte Anhänger mit den beiden Wespen, die an einem Honigtropfen saugen.

AJIOS NIKOLAOS

Die Hauptstadt des Nomos Lassíthi mit heute 6000 Einwohnern wurde erst im 19. Jahrhundert gegründet. Durch ihre einmalig schöne Lage am Golf von Mirabello und ihren malerischen Hafen bietet sie eine höchst reizvolle

Links: Ein Kreter aus Chaniá

Kulisse, wozu auch zahlreiche gute Hotels, Cafés und Restaurants am Meer und um den nahen Voulisméni-See beitragen. Schon manchem Wanderer, der sich diesem Zauber der Landschaft hingab, ging hier jedes Zeitgefühl verloren. Doch bietet Ájios Nikólaos auch geistige Genüsse in Form eines gut bestückten Museums für minoische Kunst, das als Ergänzung zum bisher Geschauten zu empfehlen ist.

Um die unmittelbare Umgebung von Ájios Nikólaos näher kennenzulernen, sei der schöne Ausflug entlang der Küste zur Elundabucht oder eine Bootsfahrt zur Insel Spinalonga empfohlen. Man kommt an den bekannten Bungalow-Hotels vorbei, die viel dazu beitrugen, den Tourismus in dieser malerischen Küstenlandschaft zu beleben. Südlich des Dorfes Elunda lag die antike Stadt Oloús, die durch eine Senkung der Ostküste Kretas jetzt unter dem Meeresspiegel liegt. Bei ruhiger See sollen in mehreren Metern Tiefe noch Mauerreste wahrnehmbar sein.

KRITSA

Dieses größte Dorf von Kreta besitzt eine Kirche aus dem 13. Jahrhundert, die zu den großartigen Denkmälern der Insel zählt. Das Gotteshaus der Großen Mutter, der Panajía í Kerá, liegt in einem Olivenhain. Seine drei Apsiden leuchten schneeweiß gekalkt vor den dunkelgrünen Zypressen. Die Kirche erweckt von Osten her gesehen den Eindruck einer füllig und breit hingelagerten Gestalt, die wie ein schützendes Bollwerk vor allem Ungemach bewahren will – mütterlich. Die großartigen

Fresken im Inneren, die zu den besten von Kreta zählen, bedecken Wände und Apsiden; sie geben ein höchst anschauliches Bild von der Höhe der kreto-byzantinischen Malerei des 14. und 15. Jahrhunderts, die bis in das griechische Festland hinüber strahlte.

Über dieser herrlichen Kirche sei das schöne Dorf Kritsá nicht vergessen, das mit seinen malerischen, gegen den Golf zu blickenden Häusern und Terrassen, den bunten Läden voller Stickereien und Wollwebereien sowie den liebenswerten Bewohnern einen Besuch lohnt.

Ein archäologischer Spaziergang führt von Kritsá zwischen Ölhainen und Pinien nach Lató, der dorischen Ruinenstadt aus dem 7. Jahrhundert v. Chr., die an den Berghängen über dem Golf von Mirabello in tiefster Einsamkeit dahinträumt. Wer sich ein Bild von einer frühgriechischen Stadt machen will, einer Stadt mit zwei Burgen, Marktplatz, Rathaus, Tempel, Wohnhäusern, Läden, der klettere in diesen romantischen Ruinen herum und lasse sich von dem atemberaubenden Blick auf den Golf überraschen. Zum Dorf Kritsá sei noch erwähnt, daß hier unter Mitwirkung der einheimischen Bevölkerung der Film „Die griechische Passion" nach dem Roman von Kazantzakis gedreht wurde, worauf die Dorfbewohner noch heute stolz sind.

Rechts: Eine der vielen steinernen Windmühlen, die oberhalb der Paßstraße zum Hochplateau von Lassíthi in langer Reihe Wache stehen. Nur wenige dieser Mühlen besitzen noch ihr hölzernes Flügelgestänge, die meisten haben nur mehr ihren mächtigen steinernen Rumpf bewahrt. Das Korn aus der fruchtbaren Ebene wird längst nicht mehr in diesen Mühlen gemahlen.

Blick über die weite Hochebene von Lassíthi

Die Lassíthi-Berge von der Straße aus gesehen. Im Vordergrund blühende Asphodelen. 53

GOURNIA

Eine Fahrt auf der schönsten Küstenstraße Kretas zwischen Ájios Nikólaos und Sitía führt zunächst nach Gourniá, dieser einzigen vollständig ausgegrabenen minoischen Stadt aus der Mitte des zweiten Jahrtausends. Diese städtische Siedlung hinterließ keinerlei Überlieferung, nicht einmal ihren Namen; hier sprechen allein die Funde, die verraten, daß es sich um eine Stadt von fleißigen Handwerkern und Gewerbetreibenden handelte, die es zu einem gewissen kleinbürgerlichen Wohlstand brachten. Da diese Stadt an der schmalsten Stelle der Insel angelegt wurde, zwischen Pachiámmos und Ierápetra, wo der Landweg zur Küste am Libyschen Meer am kürzesten ist (16 km), wurde der Ort wohl zu einer Art Umschlagplatz für die Schiffer aus Afrika.

Die Ausgrabungen wurden von der Amerikanerin Miß Harriet Boyd von 1901 bis 1904 durchgeführt. Man kann diese Stadt, die vollständig unbefestigt auf einem niedrigen Hügel nahe dem Meer liegt, durchwandern, durch die engen gepflasterten Straßen gehen und die kubischen Häuser mit den Läden und Wohnstätten betreten, bis man schließlich auf dem höchsten Punkt des Hügels die kleine aus Steinquadern errichtete palastartige Anlage des obersten Stadtherrn, Gouverneurs oder Bürgermeisters erreicht. Dort oben steht der einzige schattenspendende Baum, von dem aus man einen guten Überblick über die Stadt und ihre Lage bis zum Meer hinaus erhält. Der dortige Kustos teilt gerne Interessantes aus seiner langjährigen Erfahrung mit und kennt jeden Stein dieser wiedererstandenen minoischen Stadt.

Die Weiterfahrt auf der Panoramastraße bietet noch einmal – bei der Raststelle Plátanos – einen landschaftlichen Höhepunkt. Von der Terrasse des Kafeníons bietet sich ein wunderbarer Blick zurück auf die Mirabellobucht und auf die Insel Psíra, die, wie ein riesiger Walfisch, langgestreckt auf dem Meere schwimmt.

Bald taucht in der Ferne die weiße, terrassenförmig ansteigende Stadt Sitía auf und dahinter im Dunst verfließend das weit vorspringende Kap Sídhero mit den Dhionissiádhes-Inseln.

SITIA

Diese einladende kleine Stadt mit nicht ganz 6000 Einwohnern ist sehr geeignet für eine mehrtägige Zwischenstation auf dieser Fahrt nach dem östlichen Kreta. Von hier aus können interessante Ausflüge unternommen werden, und die Stadt selbst bietet Erholung und Bademöglichkeit am Strand, eine Reihe guter Restaurants am Meer unter Tamarisken und Spaziergänge durch die terrassenförmig ansteigenden und sich bis zur venezianischen Festung am höchsten Punkt hinziehenden kleinen Straße mit hübschen Häusern.

Links: Blick auf eine alte Fahrstraße auf dem Weg zur Lassíthi-Hochebene

55

KATO ZAKROS · DER PALMENWALD VON VAI · ITANOS UND MONI TOPLOU

Der lohnendste Ausflug führt zum Palast von Káto Zákros in Ostkreta, der von Sitía aus über Paleókastro und Áno Zákros erreicht wird. Auf dem Wege dorthin sollte man einmal in einem der halbverlassenen Bauerndörfer halten, die an der Straße zwischen Paleókastro und Áno Zákros liegen, um mit den Menschen zu sprechen, die noch dort verblieben sind. Das große Problem der Abwanderung von den kretischen Dörfern ist teils durch die sozialen Verhältnisse gegeben, andererseits sehr häufig durch geologisch bedingtes Ausbleiben der Wasserversorgung verursacht. In Chochalkiés und Kelária zum Beispiel leben nur mehr wenige Menschen in einigen Häusern, die übrigen stehen leer, die Ställe sind verlassen. Die Bauweise der Häuser erinnert an Gourniá: Die kubischen Steinhäuser, mörtellos aus Kalkstein erbaut, müssen in Gourniá von ganz ähnlicher Beschaffenheit gewesen sein. Die Rauchfänge bestehen, wie häufig in kretischen Dörfern, aus alten Tongefäßen mit durchlöchertem Boden.

Vom Bergdorf Áno Zákros führt die steinige Straße nach Káto Zákros am „Tal des Todes" vorbei, jener Schlucht, die im dritten Jahrtausend als Begräbnisstätte diente. In Hunderten von verwitterten und zernarbten Höhlen in den steilen Kalksteinfelsen fanden sich nur mehr ausgeplünderte Grüfte, bis auf eine einzige Grabstätte am Ausgang der Schlucht, die den Seeräubern des Libyschen Meeres offenbar entgangen ist. Bald öffnet sich ein weites Panorama: Man erblickt zum ersten Mal das Libysche Meer. Die Straße fällt von hier allmählich in die kleine wasserreiche Ebene ab, auf der die Minoer einen Palast bauten, der nach Afrika schaut.

Der Palast von Káto Zákros, der seit 1961 ausgegraben wird, liegt in einer offenen Meeresbucht zwischen Olivenbäumen und Bananenstauden. Den zahlreichen, meist sehr kostbaren Funden nach zu schließen, handelte es sich um ein bedeutendes kulturelles Zentrum, eine Palast- und Stadtanlage, die dank ihres Hafens am Libyschen Meer mit Ägypten und dem Orient Handel treiben konnte und zu Macht und Reichtum aufstieg.

Die bemerkenswerten Funde füllen den ganzen Saal VIII des Museums in Iráklion.

Die architektonische Gliederung des Palastes ist den drei übrigen minoischen Palästen ganz ähnlich und leicht überschaubar. Einige Besonderheiten sind neu: So zum Beispiel eine Art von rundem Badebecken hinter den Räumen der östlichen Hofseite – die man als die privaten Gemächer der königlichen Familie ansieht – samt zugehöriger Quellfassung und Brunnen, in denen noch heute reichlich Wasser fließt, das im Frühling sogar zu Überschwemmungen führen kann. Ferner hat sich hier noch eine Palastküche mit Nebenräumen erhalten.

Der Palast von Káto Zákros und seine Funde gehören der Epoche der neuen Paläste an; diese reiche Kultur wurde um 1450 v. Chr. ebenso wie die übrigen minoischen Herrschersitze vernichtet, doch blieb Káto Zákros verschüttet und vergessen. So ergab sich für seine Ausgräber der glückliche Fall, einen Palast so vorzufinden, wie er im Augenblick der Katastrophe bestanden hat.

Für die Rückfahrt nach Sitía bietet sich von Paleókastro eine neuasphaltierte Straße nach *Vái* an. Vái ist das Paradies von Kreta: ein

Klosterfestung Toploú im Nordosten der Insel. Im frühen 18. Jahrhundert über einer älteren Anlage errichtet

Palmenwald, der im 9. Jahrhundert von den Sarazenen angepflanzt wurde. Spitze Zungen behaupten, dieser herrliche Wald sei aus den von den Arabern ausgespuckten Dattelkernen gewachsen. Wer weiß? Die Palmen stehen an einem prächtigen Sandstrand am türkisfarbenen Meer. Seit einigen Jahren gibt es dort etwas Tourismus und zwei kleine Gaststätten. Am schönsten ist es in Váï, wenn der Oleander blüht, der in hohen Büschen zwischen den Palmen wächst. Die Landschaft erstreckt sich weit bis Kap Sídhero, dem äußersten Punkt der nordöstlichen Spitze der Insel. Dort liegt das antike *Itanos*, das die Einheimischen „Erimoú-

57

polis" nennen, die einsame Stadt. Es ist wahrlich sehr einsam. Die Straße führt noch einige Kilometer von Váï auf das Kap hinaus, die letzte Wanderung muß zu Fuß gemacht werden, und sie lohnt sich. Auf halbversandeten Wegen, zum Teil auf felsigem Grund, immer das Meer zur Rechten, kann man bis zu den letzten Klippen vordringen. Man stößt auf versandete Ruinen aus minoischer, griechischer und römischer Zeit, es gibt eine Akropolis auf dem Hügel und zu ihren Füßen eine frühchristliche Kirche, deren Grundriß aus dem Vorhandenen klar abzulesen ist; auch große Marmorplatten mit Inschriften und Architekturteile haben sich erhalten.

Acht Kilometer von Váï entfernt liegt das *Kloster Toploú,* ein Festungskloster aus dem 18. Jahrhundert, das auf eine Renaissancegründung zurückgeht. In einem hellen, von Blumen überwucherten Arkadenhof liegt die Kirche der Panajía Akrotirianí, der Großen Mutter vom Kap. Immer wieder begegnen wir dieser Großen Mutter, der Urmutter, wie sie schon vor Jahrtausenden als Spenderin alles Lebens angebetet wurde; die heutige Panajía ist zur Muttergottes aufgestiegen. Moní Toploú – der Name ist türkisch und bedeutet Kanone – liegt wie viele Klöster auf Kreta in tiefer Weltabgeschiedenheit. Es war bis vor wenigen Jahren nur auf schwer befahrbaren Straßen erreichbar, heute führt die Straße über Váï als einzige gute Straße zum Kloster. Einst war Toploú eines der wohlhabenden Klöster Kretas, und seine Gastlichkeit war bekannt – sie kann jedoch heute nicht mehr geboten werden; die Zahl der Mönche geht in allen Klöstern Kretas sehr zurück, es gibt keinen Nachwuchs mehr. In Toploú betreute bis noch vor kurzem ein freundlicher alter Mönch die Touristen bei ihrer Besichtigung der Kirche, er zündete die Kerze an, um die berühmte Miniatur-Ikone des J. Kornáros zu beleuchten und zu erklären. Gegenwärtig befindet sich das Kloster samt seinen Wirtschaftsgebäuden in Renovierung; so besteht die Hoffnung, daß wenigstens der wertvolle Gesamtkomplex erhalten bleibt.

Von Sitía nach Ierápetra und Pachiámmos

Ierápetra, das antike Hierapytna, die einzige Stadt an der Südküste Kretas – mit 7000 Einwohnern – ist jetzt von Sitía auf einer neu ausgebauten landschaftlich großartigen Straße quer durch das Bergland von Ostkreta zu erreichen. Auf diesem Wege liegt nach 17 km das antike *Pressós,* die befestigte Hauptstadt der „Eteo-Kreter"; ihre Reste wurden um 1900 freigelegt. Einige Kilometer weiter, bevor die Straße die Südküste erreicht, führt links eine Abzweigung zum Kloster *Moní Kapsás* aus dem 15. Jahrhundert. Es liegt auf einer hochragenden Klippe mit großartigem Blick auf das Libysche Meer. Ursprünglich bestand das Kloster nur aus einer kleinen Kirche mit einigen Zellen. Erst im 19. Jahrhundert wurde es restauriert und erweitert. Die reich geschnitzte Ikonostasis, das Templon, zählt zu den schönsten in Kreta, und auch eine Marienikone und die Wandmalereien des 19. Jahrhunderts sind von Interesse. Dieses Kloster bietet dem müden Wanderer auch heute noch Übernachtungsmöglichkeit.

Bei Makrigiálos wendet sich die Straße nach Südwesten in gerader Linie der Küste entlang über Koutsoúras und Ajía Fotía bis *Ierápetra.*

Die Meerzwiebel *(Urginea maritima)* wächst vor allem auf steinigem Boden

Rechts: Kretischer Zierkürbis

Blühender Aronstab *(Dracunculus vulgaris),* den man im Frühling häufig in der Gegend von Gourniá antreffen kann

Rechts: Asphodelen wachsen fast überall in den Bergen von Kreta. Man nennt sie die Blumen der Persephone – die Göttin der Unterwelt, die nur im Frühling auf die Erde zurückkehren darf

Die Ruine der Kirche des hl. Titus im Bereich der antiken Stadt von Górtis

Oben: Die Reste des römischen Iris- und Serapistempels, die wie zahlreiche andere römische Ruinen in den Ölhainen von Górtis verborgen liegen. Rechts: Das Gesetz von Gortyn. Ausschnitt aus der berühmten Rechtsinschrift, die im 5. Jahrhundert v. Chr. in 12 Kalksteinblöcke eingemeißelt worden ist; diese Blöcke wurden später in den römischen Umgang des Odeons von Gortyn (Górtis) eingebaut

Der Palast von Festós vor dem Hintergrund des Ida-Gebirges

Das minoische Hierapytna war einer der bedeutenden Handelshäfen der Südküste für die Ausfuhr von Wein, Oliven und Getreide sowie auch von den damals sehr geschätzten kunsthandwerklichen Erzeugnissen der Insel nach Ägypten und dem Vorderen Orient. Durch seine Lage an der schmalsten Stelle der Insel, die eine rasche Verbindung zur Nordküste ermöglichte, hat es wohl auch als Warenumschlagplatz Bedeutung gehabt. Zwischen Ägypten und Ierápetra verkehren längst keine Handelsschiffe mehr; die Stadt ist heute Zentrum des Gemüsebaues, vor allem des Tomaten- und Gurkenexportes geworden; seine zweite Einnahmsquelle liegt im Fremdenverkehr, denn die langen weißen Sandstrände machten diesen Ort zum beliebten Ferienziel. Die alte Stadt, die auf den Fundamenten des antiken Hierapytna erbaut ist, besitzt eine der ältesten venezianischen Festungen auf Kreta. Die Ruine dieses 1508 errichteten und 1626 erweiterten Forts liegt beherrschend auf einer vorspringenden Landzunge und weist noch vier gut erhaltene Türme in den halb zerstörten Burgmauern auf. Von antiken Resten sind noch Trümmer eines Amphitheaters am Stadtrand wahrzunehmen, und an die Zeit der islamischen Herrschaft gemahnen eine Moschee mit Minarett und ein türkischer Brunnen. Eine zweite Moschee wurde zur Johanneskirche umgebaut. Die Altstadt hat eine bestimmte Atmosphäre, die man genießen sollte. Ein Spaziergang am Quai unter Tamarisken und Maulbeerbäumen und die Einkehr in einem der kleinen Cafés am Meer zählen durch die Liebenswürdigkeit der Bewohner dieser Stadt zu den bescheidenen, aber doch eindrucksvollen Erlebnissen von Ierápetra.

Die moderne Stadt mit einigen guten Bäderhotels breitet sich in der Gegend der schönen Strände aus.

Von Ierápetra aus gibt es einige sehr lohnende Ausflüge in die nähere Umgebung. So kann das erwähnte Kloster Kapsás von hier aus auch in zweistündiger Bootsfahrt erreicht werden. Eine erholsame Fahrt mit einem Motorboot ist auch der Ausflug zur *Insel Gaidhouroníssi* – der „Eselsinsel" – südlich von Ierápetra mit herrlichen Sandstränden und Dünen.

Der *Aféndis Stavroménos,* die höchste Erhebung der Sitía-Berge (1476 m) mit herrlichem Panorama, kann über Ájios Ioánnis und Thriftí bestiegen werden. Auf der Alm Thriftí gibt es noch Weinbau; zur Zeit der Lese ist die Alm bewirtschaftet, und es herrscht dort emsiges Treiben. Der Rückweg kann auch – etwas anstrengend – über den Maultierpfad nach Monastiráki genommen werden, wo man Anschluß an die Fahrstraße nach Pachiámmos oder Ierápetra findet.

Eine etwas längere Tour nach Westen ist der Ausflug nach dem malerischen Bergdorf *Málles* in 600 m Höhe am Südosthang des Lassíthi-Gebirges. Die schöne Kirche der Panajía besitzt Fresken des 15. Jahrhunderts. Von Málles aus kann man den Lázaros mit 2085 m und den Dhíkti mit 2148 m Höhe besteigen; beides sind Hochtouren, die einen Bergführer oder einen ortskundigen Einheimischen erfordern.

Einige Kilometer westlich von Ierápetra liegt das Küstenstädtchen *Myrtos,* das gewiß bald Anziehungspunkt für archäologisch Interessierte sein wird. In der Nähe des Ortes wurden in jüngster Zeit Ausgrabungen mit erstaunlichen Ergebnissen durchgeführt. Man fand eine bedeutende bronzezeitliche Siedlung auf dem Gebiet von Foúrnou Korífi, die bis etwa um

2200 v. Chr. herabreicht und die durch ihre reichen Funde und durch die Unberührtheit der Grabungsstätte Aufschluß gibt über die Lebensweise der Inselbewohner im dritten Jahrtausend.

Da die Autostraße Ierápetra – Ano Viánnos fertiggestellt ist, besteht die Möglichkeit, von hier direkt nach Iráklion zurückzukehren.

Unsere Route durch Ostkreta ist jedoch noch nicht zu Ende. Wir überqueren von Ierápetra aus auf der landschaftlich schönen und gut ausgebauten Straße die schluchtartige engste Stelle der Insel Kreta. Nach ungefähr 8 km erreicht man das Dorf *Káto Chorió,* das einen schönen Dorfbrunnen aus türkischer Zeit besitzt. Im nächsten Ort – *Episkopí* – fällt zur rechten Seite der Straße eine tief unter dem heutigen Straßenniveau liegende byzantinische Kuppelkirche auf. Sie wurde vom modernen Straßenbau buchstäblich überrundet und versank gleichsam viele Stufen tief in den mittelalterlichen Bereich hinab. Diese interessante, den beiden Heiligen Georg und Charalambos geweihte Kirche ist meist verschlossen, man muß den Schlüssel beim Ortsgeistlichen holen lassen. Doch sie ist sehenswert! Ihr Inneres glänzt und strahlt vom Gold der reich geschnitzten Ikonostasis (Bilderwand oder Templon) aus dem 15. Jahrhundert, die als oberen Abschluß einen Ikonenfries mit kleinen biblischen Darstellungen trägt.

An der Ostseite der Straße treten die Sitía-Berge oft weit vor, und im Westen begrenzen die Ausläufer des Lassíthi-Gebirges das enge Tal zwischen den zwei Meeren, das sich an manchen Stellen zu fruchtbaren kleinen Ebenen erweitert. Bald folgt eine Abzweigung nach *Vasilikí* – eine Stätte, die in minoischer Zeit Bedeutung hatte: man fand dort in Gräbern jene Gefäße mit der sogenannten „geflammten Vasilikí-Keramik", die durch ein bestimmtes Brennverfahren hergestellt wurden und zu den frühesten minoischen Erzeugnissen zählen (Saal I des Museums in Iráklion). Von hier fällt der Blick nach Osten zur Monastiráki-Schlucht, wo die Thriftí-Berge eng zusammentreten und ein fast mystisch-dunkles Felsentor bilden; dann mündet die Straße, 1 km vor Pachiámmos, dort wo das neue Hotel steht, in die Autobahn nach Sitía.

Pachiámmos liegt in der kleinen fruchtbaren Ebene, die sich aus dem Felsental vor der Monastiráki-Schlucht bis ans Meer fortsetzt. Das Dorf – unweit von Gourniá – steht auf minoischem Boden, wie aus den zahlreichen aufgefundenen Grabstätten zu schließen ist. Das alte Dorf Pachiámmos bestand ursprünglich ganz aus jenen Würfelbauten aus Steinquadern, wie sie ähnlich in Gourniá errichtet wurden. Allmählich verschwinden diese Häuser, wie in den meisten an den Autostraßen liegenden Dörfern, und mehrstöckige neue Bauten werden an ihre Stelle treten. Pachiámmos besitzt einen netten Gasthof und einige Cafés.

Der Weg zum Lassíthi-Plateau führt nochmals an Gourniá vorbei. In der Morgensonne erscheint das Relief dieser Stadtruine aus minoischer Zeit besonders kontrastreich, was für die Photographen immer von Anreiz ist. Man halte oberhalb der Ausgrabung, bevor die Straße sich in großen Kurven zur Stadt hinunterwendet. Auch Ájios Nikólaos wird rechts liegen gelassen, um auf der großartigen Panoramastraße in mehrstündiger Fahrt über Amigdáli und Potamiés in die Lassíthi-Ebene zu kommen.

Festós. Blick zum schneebedeckten Ida

Links: Festós. Flötenverkäufer beim Vorführen einer Rohrflöte

Unten: Der Palast von Festós. Treppenaufgang

Der Palast von Festós vom großen Hof aus gesehen

Mátala. Der malerische Strand mit den ausgehöhlten Sandsteinfelsen

Ajía Galíni – die heilige Meeresstille. Der Platz am Hafen des malerischen Fischerdorfes, das heute zum beliebtesten Ferienort der kretischen Südküste geworden ist

Réthymnon. Die große Moschee

Rechte Seite außen: Réthymnon. Das Minarett, ein Wahrzeichen der Stadt. Oben links: Auf der Fortezza, die zwischen 1573 und 1580 von den Venezianern zum Schutz gegen Seeräuber und Türken errichtet wurde. Heute ist nur mehr der Mauerring erhalten, in dem die Moschee und eine Palme einsam emporragen. Unten links: Portal eines venezianischen Hauses

Lassíthi und Psichró

Eine Wanderung über die Hochebene von Lassíthi ist ein unvergleichliches Erlebnis. Zu Füßen der hochaufragenden Kette des Dhíkti-Gebirges liegt das weite, fruchtbare Land, das von einem Kranz wohlhabender Dörfer umgeben wird. Das in 850 m Höhe gelegene Plateau besteht aus ertragreichstem Schwemmland, das von den ringsum liegenden Gebirgen zur Zeit der Schneeschmelze abgelagert wird. Im Frühling steigen die herabströmenden Fluten zu einem See an, der durch einen unterirdischen Schlund allmählich abfließt.

Von dieser weiten Ebene, in welcher die vielgepriesenen 12.000 Windräder im Sommer das Wasser heraufpumpen, steigt der Wanderer zum Dorfe Psichró hinauf, das sozusagen der Warteraum für die modernen, zur Geburtsstätte des Zeus wallfahrenden Pilger ist. Führer und Eseltreiber harren ihrer und geleiten sie zur heiligen Grotte des höchsten der Olympier. Von Ehrfurcht ist kaum mehr etwas zu verspüren; auch die Kureten sind verschwunden, die einst, Kronos listig täuschend, mit rasselnden Schilden das Weinen des Kindes übertönen sollten. Heute schreien statt ihrer die Bergkrähen und gemahnen an die einstigen Wächter. Ewig gleich geblieben sind nur die Felsriesen des Dhíkti-Gebirges und die große Ebene tief unten, wo die Menschen ihre Äcker bebauen. Hier also wurde Zeus geboren. Der Führer bringt seine Schäflein behutsam in das Dunkel der beiden Höhlen hinab, die sich meist recht feucht und unwegsam darbieten. Vom Myste-rium wird kaum gesprochen, doch ist es da und drängt sich unverkennbar auf. Dieser Mythos ist, schlicht erzählt, eine unter vielen Göttersagen, dennoch greift sie hier ans Herz: Kronos verschlingt seine Kinder, Mutter Rhea will ihr jüngstes retten und flüchtet in die kretische Höhle, um es heimlich zur Welt zu bringen — den Gott Zeus. Die Ziege Amalthea gab Milch, die Bienen brachten Honig und die Kureten wachten; dann wurde das Kind in die Idäische Höhle gebracht, wo es aufgezogen wurde.

Mythengeschichtlich betrachtet, ist Zeus, so wie sein Vater Kronos, ein vorgriechischer Gott gewesen, der sich in der klassischen Religion bald zum Herrscher über den ganzen Olymp erhob.

Die Grotte von Psichró blieb bis weit in griechische Zeit hinein Kulthöhle und Wallfahrtsort. Ihre Entdeckung war dramatisch und ihre Freilegung schwierig, bis schließlich die letzten Tiefen durch Sprengungen erschlossen wurden; das war im Jahre 1900. Die reichen Funde sind im Museum von Iráklion ausgestellt.

Am Ausgang der Ebene, wo die Paßstraße nach Norden ansteigt, stehen am Hang majestätisch die steinernen Windmühlen aufgereiht, die einstmals, von riesigen Flügeln getrieben, das Korn aus der Ebene mahlten. Von hier bietet sich eine großartige Sicht bis zur kretischen Nordküste. Steil und mit vielen Kurven führt von hier die Bergstraße abwärts. Wir halten beim kleinen *Kloster Kardiótissa* unterhalb des Dorfes Kerá. Wir treten durch das offene Tor und erleben eine Idylle. Im Klosterhof mit seinem blumigen Gärtchen und den weißen Arkaden scheint die Zeit stillzustehen. In der Kirche wurden kürzlich kostbare byzantinische Fresken freigelegt. Vor der alten

Links: Arkádhi. Fassade der 1587 von den Venezianern erbauten Klosterkirche

73

Marien-Ikone erzählt der Klosterbruder die rührende Geschichte von der zweimal entführten Muttergottes, die man schließlich mit einer Kette an eine Säule, die heute noch im Klostergarten zu sehen ist, fesseln mußte. Erst seit der Befreiung Kretas durfte die Ikone wieder an ihren Platz in die Kirche zurückkehren.

Bald darauf erreicht man, auf einer nach wenigen Kilometern nach rechts abzweigenden Straße, den Ort *Krássi*. Hier steht am Dorfplatz die größte und schönste Platane von Kreta. Platanen brauchen viel Wasser, und hier sprudelt es aus dem Felsen in große steinerne Becken, an denen die Bäuerinnen ihre Wäsche schwemmen und wo auch das Vieh zur Tränke geführt wird. Der gewaltige Stamm dieser Platane hat einen Umfang von mehreren Metern, ihre mächtigen Zweige beschatten den ganzen Platz, auf dem – wie könnte es anders sein – ein Kafeníon zum Verweilen einlädt. Von der Terrasse des Platzes blickt man zu alten Bauerngehöften hinunter.

Auf dem Rückweg nach Iráklion gibt es noch zwei Stationen bei kleinen Kirchen mit byzantinischen Fresken: Ájios Antónios in *Avdhoú* und die kleine Klosterkirche der Panajía Gouverniótissa bei *Potamiés,* zu der man über einen schmalen Weg am Ausgang des Dorfes hinaufklettern muß; doch zuvor hole man den Schlüssel beim Pfarrer von Potamiés.
Wer zum Abschied noch einen Blick auf ein minoisches Herrenhaus werfen möchte, der halte bei der kleinen Ausgrabung von *Nírou Cháni,* wo man ein Depot von kultischen Gegenständen aus minoischer Zeit mit Doppeläxten, Öllampen, Amphoren und Altären fand, die heute im Saal VII des Museums von Iráklion

zu sehen sind. Diese Anlage wird für das Haus eines höheren Beamten in Diensten der Staatsreligion gehalten.

Von Iráklion nach Süden bis Ajía Galíni

IN DIE MESSARA

Die Straße durch die mittelkretische Senke führt in uraltes kretisches Weinland, anfangs durch flaches, bald in leicht hügeliges Glände übergehend. Im Herbst, zur Zeit der Weinlese, liegt über dem Land, wo die berühmte Rozáki-Traube, die beste Tafeltraube, gezüchtet wird, der prickelnde Duft des jungen Weines; jedes Dorf hatte seine eigenen Keltereien, bis die Genossenschafts-Kellereien eingeführt wurden. Die Rebkulturen steigen in Kreta oft weit ins Gebirge hinauf, und die in der Bergsonne gereiften Trauben geben einen besonders wohlschmeckenden, etwas hochgrädigeren Wein. Bei Ajía Varvára, wo ein Kirchlein den geographischen Mittelpunkt Kretas anzeigt, überschreitet die Straße die erste Paßhöhe in den östlichen Ausläufern des Ida-Gebirges, um bald darauf den Vourvoulítis-Paß auf 600 m Höhe zu erklimmen, von dem sich plötzlich ein überwältigender Blick auftut: unten liegt die große Tiefebene der Messará, dahinter steigt im Osten das Dhíkti-Gebirge auf und im Süden, wie ein gewaltiger Riegel vor dem Libyschen Meer – leicht im Dunst schwebend –, die langgestreckte Kette der Asteroússia-Berge.

Wir kommen nun in jenes Gebiet von Kreta, das zur Zeit der Römerherrschaft eine bedeutende Rolle spielte. Das Dorf Ájii Dhéka, der Zehn

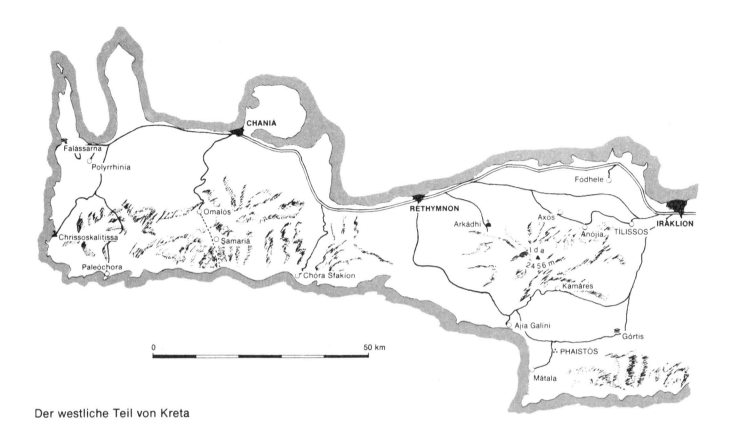

Der westliche Teil von Kreta

Heiligen, ist zum Großteil mit Steinen aus der römischen Provinzhauptstadt *Górtis* erbaut. Der Name des Dorfes müßte nachdenklich stimmen, denn er soll an jene zehn standhaften Männer erinnern, die unter der Regierung des Kaisers Decius 250 n. Chr. den Märtyrertod erlitten haben. Weit hinein in die Ölhaine kann man die Reste der einstmals so glanzvollen Stätte finden, die ihren kulturellen Höhepunkt in griechisch-dorischer Zeit erlebte. Dafür spricht offenkundig das Stadtrecht von Gortyn, das gegen 500 v. Chr. kodifiziert wurde. Dieses interessante Zeugnis alter Rechtsgelehrsam-keit findet sich in seiner Originalaufzeichnung – in zwölf Kalksteinblöcke geschnitten – unter den Umgangsbögen eines römischen Odeons (kleines Theater, das auch für musikalische Darbietungen verwendet wurde). Wer nach Górtis (Gortyn) kommt, nehme sich die Zeit, dieses Dokument genialer Gesetzgebung zu würdigen, das wohl noch auf der Basis des alten Solonischen Rechtes beruhte. Schon allein die großartige Form und Exaktheit der eingemeißelten, ca. 5 cm hohen griechischen Buchstaben ist zu bewundern; sie gehören einem Alphabet von nur 18 Buchstaben an. Das

Originelle ist die Art und Weise, in der hier die Schrift abläuft. Der griechische Steinmetz, der diese Zeilen einst meißelte, bediente sich der sogenannten „ordo bustrophedicus", das heißt „so wie der Ochse pflügt": Man beginnt die erste Zeile von links nach rechts zu lesen und die darunter folgende – in Spiegelschrift verfaßte – von rechts nach links und so fort. Der Inhalt bezieht sich auf Zivil- und Strafrecht und betrifft persönliche und soziale Belange, wie Ehebruch, Ehescheidung, Sklavenbefreiung, aber auch die Festlegung von Geldbußen, wobei strenger Bezug auf die betreffende Gesellschaftsklasse genommen wird, deren es vier gab: die aristokratische Oberschicht, die Freien, die Leibeigenen und die Sklaven.

Mitten in diesem antiken Gelände steht die große Ruine der Basilika des hl. Titus, 6. bis 9. Jahrhundert, als weithin sichtbares Zeichen jener Sendung, mit welcher der Apostel Paulus im Jahre 60 n. Chr. Titus als Verkünder des Christentums auf der Insel zurückließ. Titus wurde erster Bischof und Landespatron von Kreta.

FESTOS (Phaistos)

Der Weg von Górtis nach Festós hinauf ist auch für Fußwanderer reizvoll. Man wird den Palast vielleicht zuerst archäologisch betrachten; es ist der vierte und letzte minoische Palast der Kretareise, und wir vergleichen: Knossós ist größer – Festós ist großartiger; seine Proportionen verwirren nicht; die Ausstattung ist kostbar, an Alabaster wurde nicht gespart. Der Palast wurde von italienischen Archäologen freigelegt, die sehr vorsichtig rekonstruierten, so daß der Gesamteindruck des tatsächlich Vorhandenen erhalten blieb. Wie in Mália überquert eine gepflasterte Straße den Westhof, von dem die mächtige Treppenanlage zum Mittelhof emporführt. Wieder die monumentale Treppenkulisse – ältestes Theater der Welt wurde diese Treppenanlage genannt. Am Fuße des Hügels wurde ein Teil der minoischen Stadt freigelegt, der größere liegt noch verborgen unter der fruchtbaren Ackererde der Messará. Das Aufregendste an Festós ist seine Landschaft. Die großartige Messará umfaßt den Palastfelsen „wie ein Meer" und erstreckt sich im nebeligen Dunst bis zum Golf. Im Osten blickt man auf den meist schneebedeckten Ida, unter dessen rechter Kuppe man die Kamáresgrotte ausnehmen kann. Der mythische König von Festós war Rhadamanthys, der zweite Bruder des Minos, Richter in der Unterwelt und großer Gesetzgeber. Die archäologischen Funde dieses Palastes sind zahlreich und kostbar. In den Magazinen, die noch der Ersten Palastzeit angehören, stehen herrliche Krüge und Vorratsgefäße der Kamáresgattung. In den Palastarchiven fand sich der berühmte „Diskos von Phaistos", eine runde Tonscheibe mit beiderseits eingestanzter Inschrift; der erste Gutenberg! Denn die Zeichen wurden mit beweglichen Lettern eingestanzt. Der Diskos ist das einzige Beispiel dieser Stanztechnik, die leider lange Zeit hindurch vergessen wurde. Sein Inhalt ist noch nicht entziffert, doch hält er seit seiner Auffindung das Interesse der Forschung in Atem.

Einige Kilometer westlich des Palastes, gegen die Bucht von Messará zu, entdeckte man einen prunkvoll ausgestatteten Villenkomplex aus der Zeit der Zweiten Paläste, der vermutlich die Sommerresidenz der Herren von Festós war. Die Architektur ist aufgelockerter und

Kratér mit aufgesetzten plastischen
Lilien aus Ton. Kamáresvase aus
dem alten Palast von Festós. Um
1800 v. Chr. Iráklion, Archäologisches Museum

weicht vom strengen Konzept der großen
Paläste ab, wenngleich sich die einzelnen
Bauelemente, wie lichtspendende Portiken,
Säulendurchgänge, Treppen, Magazine, an die
Vorbilder des Palastes halten. Man nannte
diesen ganzen Bau in Unkenntnis des antiken
Namens nach einer nahen Kirche Ajía Triádha.
Nordseitig schließt sich ein spätminoischer
Markt und eine Siedlung minoischer Häuser
an. Dahinter liegt eine Nekropole, in der man
den berühmten „Sarkophag von Hagia Triada"
mit der Darstellung eines Totenkultritus fand.
Einige Räume der Villa waren mit sehr qualität-
vollen Fresken des „Meeresstiles" ausgestattet.

MATALA

Im Süden der Bucht von Messará liegt Mátala,
der einstige Hafen des römischen Górtis. Zwei

Jahrtausende früher war es nur mythische
Landschaft – als Zeus in jener Bucht von Mátala
mit Europa an Land ging –, seither gibt es
Europa. Die Sage vom Raub der Europa, der
phönizischen Prinzessin aus Tyros, gehört zu
den Kernmythen Kretas. Wann sie entstanden
ist, weiß niemand. Sicher reichen ihre Anfänge
weit in minoische Zeit zurück; in jenen Däm-
merzustand mythischen Geschehens, aus dem
die ägäischen Frühkulturen erst mit dem
Auftreten der Achäer, der Griechen Homers,
erwachten, unter deren gestaltendem Genius
sich die dumpfen, noch amorphen religiösen
Vorstellungen in eine sehr konkrete, sehr
menschliche Gesellschaft von Göttern verwan-
delten, zu deren Oberhaupt sich Zeus, der
kretageborene Sohn der Rhea und des Kronos
aufschwang.
Europa wurde von Zeus in Stiergestalt entführt.
Welche Zusammenhänge lassen sich da
erschließen in bezug auf den Stier, der für Kreta
heiligstes Symbol war! Dieser Stier brachte
Europa über das Meer nach Mátala, wo die
Hochzeit stattfand. Europa schenkte dem Zeus
drei Söhne: Minos, Sarpedon und Rhadaman-
tys – unsere ersten europäischen Ahnen. Die
Sage spinnt sich dann mit echt griechischer
Phantasie noch lange weiter, über die Gattin
des Minos, Pasiphaë, die wieder einen Stier
liebt, dessen Sohn Minotauros heißt, ein
Wesen, halb Mensch, halb Stier, das von
Theseus, dem griechischen Prinzen, getötet
wird. Doch der Kreis dieser phantastischen
Erzählungen schließt sich noch lange nicht; es
folgen Ketten tragischer Verwicklungen, tragischer Schuld, aus denen die griechischen
Tragödiendichter ihren Stoff bezogen.
Was die kleine Bucht von Mátala landschaftlich
interessant macht, sind die durchlöcherten

Kalksteinwände, die bis vor kurzem noch besiedelt waren – und zwar seit langer Zeit –, sei es von Lebenden oder Toten. In frühchristlicher Zeit sind diese Höhlen nachweislich als Begräbnisstätten verwendet worden. In unserem 20. Jahrhundert waren es Hippiefamilien, die sich hier wohnlich einrichteten und ihre Wäsche trockneten, bis – ja, bis Griechenland diese Klippenwände unter Denkmalschutz stellte und räumen ließ. So ist Mátala heute ein friedliches Paradies für griechische und ausländische Familien, die mit ihren Kindern hier Badeferien machen.

Von Mátala aus kann man bei ruhiger See reizvolle Bootsfahrten unternehmen: um das *Kap Líthinon* der Südküste entlang, vorbei an den schönen Fischerdörfern am Fuße der herrlichen Asteroússia-Berge, deren Ausläufer dicht an die Küste herantreten. In *Kalí Liménes,* das heißt „Schöner Hafen", wurde zu Ehren des Apostels Paulus, der auf seiner Reise nach Rom hier Station machte, eine kleine Kapelle errichtet: „Mühsam fuhren wir an der Küste entlang und erreichten eine Bucht, «Schönhafen» genannt, in der Nähe der Stadt Lasäa" (Apostelgeschichte 27,8). Die antike Stadt *Lasäa* war der Hafen von Górtis, sie liegt nordöstlich von Kalí Liménes. Dieses kleine Fischerdorf mit dem Blick auf zwei vorgelagerte Inseln hat einen schönen Badestrand. Von hier führt eine Straße bis Míres; von dieser Straße zweigt nach einem Kilometer ein Wanderweg zum *Festungskloster Odhijitrías* ab, das zu den bedeutenden Klöstern auf der Insel zählt. Es war seit 1568 vollständig von Mauern umgeben, von denen heute noch ein stattlicher Rest erhalten ist. Das Kloster war immer ein Widerstandszentrum gegen die türkische Besatzung. Im Jahre 1828 hat hier der Abt

Xopatéras im verzweifelten Kampf gegen die Türken bis zum Tode durchgehalten. Seine Heldentat blieb für immer im Volke lebendig. Der „Pírgos tou Xopatéra", ein Wachtturm der Befestigungsanlage, erinnert an den zur legendären Gestalt gewordenen Abt. Die Klosterkirche ist reich mit Fresken, Ikonen und einer schönen Ikonostasis ausgestattet. Die Ikonen „Das Wunder des hl. Fanoúrious" und „Christus erscheint den Frauen" repräsentieren die Kretische Malerschule des 16. Jahrhunderts. Vom Meister Angelos dem Kreter stammt die Ikone „Umarmung von Petrus und Paulus" aus der selben Zeit.

Mit dem Boot kann man entlang der Küste weiter nach Osten bis zum Fischerdorf *Léndas* fahren, das auch etwas umständlich von Ájii Dhéka über Mitrópolis auf der Fahrstraße erreicht werden kann. Nahe von Léndas liegt die antike Stadt *Levín* mit noch heute berühmten Heilquellen. In der Antike wurde hier ein Asklepios-Heiligtum errichtet, das hochberühmt war. Ein Tempel des Asklepios und der Hygieia stand beherrschend auf einer Anhöhe über dem heutigen Dorf Léndas. Von diesem Tempel stehen noch zwei Säulen aufrecht; unter seinen Fundamenten befindet sich ein Raum, der zur Aufbewahrung des längst geplünderten Tempelschatzes diente. Dieser Raum lag unter einem gut erhaltenen römischen Mosaik verborgen. Die Ausgrabung des Heiligtums wurde um die Jahrhundertwende von italienischen Archäologen durchgeführt und noch vor dem Ersten Weltkrieg beendet. Ein sehr lohnender Ausflug führt von Mátala nach *Kamelári.* Man nimmt die Straße nach Festós und zweigt nach der Ortschaft Pitsídia nach links ab. Das Dorf Kamelári bietet schöne Ausblicke auf den Ida und auf den Palast von

Festós. Italienische Archäologen fanden hier ein interessantes minoisches Kuppelgrab der Ersten Palastzeit, aus dem zahlreiche Funde an Keramik und Schmuck geborgen wurden (Saal VI, Vitrine 71 des Museums von Iráklion). Derartige zum Teil überkuppelte Grabanlagen mit kreisförmigem Grundriß – man spricht einfach von „Rundgräbern" – fanden sich in großer Zahl in der Messará. Sie geben Aufschluß über den Grabkult, vor allem der frühminoischen Epochen, und die reichen Funde werfen ein Licht auf die frühminoische Kultur und ihre Kontakte mit Ägypten und dem Vorderen Orient. Auch westlich von Léndas fand man zwei überkuppelte Grabanlagen mit zahlreichen Beigaben aus frühminoischer Zeit, wie Siegel, Schmuck und Keramik (Saal I, Vitrine 4 und 5 des Museums von Iráklion).

AJIA GALINI

Ajía Galíni, die „Heilige Meeresstille", ist ein romantisches Fischerdorf mit kleinem Badestrand am kristallenen Libyschen Meer mit Blick auf die Paximádhia-Inseln. Das Dorf steigt amphitheatralisch mit malerischen Treppen und Balkonen bis zur hochgelegenen Hauptstraße nach Réthymnon an. In Ajía Galíni gibt es die besten gebratenen Fische und die erlesensten kretischen kulinarischen Genüsse in einem „Freßsträßlein" über dem Meere. Allerdings gibt es dort im Sommer auch viel Tourismus, doch an solchen Orten landschaftlicher Großartigkeit muß es wohl so sein. So ist es in Taormina auf Sizilien, in Sant' Angelo auf Ischia, in Líndos auf Rhodos, kurz überall, wo die Kulisse der Natur zu Bewunde-

rung und Anbetung herausfordert. Hier wird auch der Tourismus in Kauf genommen, und – Hand aufs Herz – sind wir nicht selbst auch diese so verpönten Touristen?

Von Ajía Galíni nach Réthymnon und Chaniá

Von Ajía Galíni, dem schönen Zwischenaufenthalt für einige Tage, führt eine gute Straße nordwestlich nach Réthymnon, der ägäischen Küste zu. Auf dieser Strecke liegt *Mélambes*, ein höchst malerisches, baulich noch unverdorbenes Stiegendorf, das man bis zu seinen höchsten Häusern erforschen sollte. Bald folgt *Spíli* mit seinem unerhörten Wasserreichtum. Schon am Dorfeingang ist das Rauschen und Plätschern des großen Stadtbrunnens zu vernehmen, wo 25 steinerne Löwenköpfe frisches Quellwasser in ein Becken verströmen – ewig fließend, unerschöpflich; und natürlich Platanen, überall Platanen, die das ganze Dorf beschatten. Die Balkone und Fenster der weißen Häuser quellen über von Blumenschmuck und hängenden Gewächsen. Das ist der Westen der Insel; er ist wasserreicher und üppiger als der Osten mit seinen kargeren Landschaften.

Spíli ist aber nicht nur für sein gutes Quellwasser berühmt; hier fließt noch ein anderes Wasser, das allerdings den Einheimischen bekannter ist als den Fremden. Im August wird in dieser Gegend der besonders starke „Mournóraki" aus Maulbeeren gebrannt. Er ist im Vergleich zum gewöhnlichen Rakí – der Kreter sagt Ratschi –, der aus Weintrebern hergestellt wird, kostspieliger und gilt als besonderer Genuß. Im Kafeníon werden zu beiden Schnäpsen, ebenso wie zum Oúzo, Mezés gereicht, das sind kleine Knabbereien, auf Zahnstocher gespießte Tomatenstückchen und kleine salzige Leckerbissen, auch Oliven; ohne diese Mezés trinkt kein Kreter seinen Rakí. In Kreta kann Rakí nur mehr in den alten Destillationsanlagen gebrannt werden, da neue laut Vorschrift nicht mehr errichtet werden dürfen.

RETHYMNON

Der Nomos Réthymnon liegt zwischen den beiden großen Gebirgszügen der Weißen Berge und des Ida, dessen höchste Erhebung noch in seine Region fällt. Es ist ein fruchtbares Land, in dem Oliven, Orangen und Kirschen in großen Plantagen gepflegt werden. Kreta gilt heute, von Griechenland her gesehen, als reiches Agrarland mit bedeutenden Exporten an Obst und Gemüse. Man sehe sich einmal so ein Fährschiff an, das vom Hafen in Chánia oder Iráklion voll beladen mit aufgepackten Lastautos nach Piräus ausfährt, um eine Vorstellung von Kretas fleißigen Landwirten zu bekommen.

Réthymnon mit ungefähr 15.000 Einwohnern ist eine venezianische Stadt. Die spätere türkische Besetzung hat ihr einige orientalische Akzente gegeben, die ihrem Charme aber keinen Abbruch tun; im Gegenteil, beide Komponenten gestalten das Stadtbild interessant und abwechslungsreich. Da sich der Hauptverkehr fast nur auf den großen Straßen sowie auf der Hafenpromenade abspielt, kann man in Réthymnon gemächlich durch die Altstadt wandern, um die malerischen venezianischen Fassaden, Portale und die türkischen Fenster und Balkons in Ruhe zu betrachten.

Man schlendert zu dem graziösen Brunnen, der ganz versteckt am Ende der Arkadhioústraße liegt und der nach seinem Erbauer, dem venezianischen Statthalter Alvise Arimondi benannt ist (1623). Einige Schritte weiter stößt man auf eine schöne venezianische Loggia, um 1600, die kürzlich gut restauriert wurde und jetzt das kleine aber sehenswerte Stadtmuseum birgt. Gut erhalten zeigen sich in der Altstadt die große und die kleine Moschee, letztere dient jetzt als Konzerthaus; auch ihr Minarett ist in gutem Zustand und dominiert im Stadtbild von Réthymnon. Auch lohnt sich ein Spaziergang zur großen Zitadelle an der Nordspitze der vorgeschobenen Halbinsel, deren Silhouette besonders am Abend von der höher gelegenen Ausfallstraße aus zauberhaft wirkt und das Motiv für viele Postkarten abgibt. Die Fortezza Frourio wurde von den Venezianern in den Jahren 1573–1587 erbaut und steht noch mit ihrem Kranz von gut erhaltenen Umfassungsmauern da. Durch schwere Bombardierung im Zweiten Weltkrieg wurden der Rektorenpalast und eine Kirche im Inneren des Mauerringes zerstört. So liegt der Burghügel heute mit Ausnahme einer großen Kuppelmoschee und einer Palme einsam und verödet da. Wer das kleine Stadtmuseum besucht, hat Gelegenheit, neben sehr guten kleineren Stükken einige spätminoische Sarkophage zu bewundern. Im westlichen Kreta gab es bislang nur wenige bedeutende Funde aus der minoischen Epoche, um so erstaunlicher war im Jahre 1969 die Entdeckung einer südlich von Réthymnon, bei Arméni, gelegenen großen Nekropole, deren zahlreiche in den Fels gehauene Kammergräber ihren ungeplünderten Schatz herausgaben. Die kostbarsten Funde bestehen aus jenen großartigen Tonsar-

Chaniá. Der alte venezianische Hafen

82   Chaniá. Tintenfische, die reiche Beute aus dem immer noch freigebigen Meere

Chaniá. In der großen Markthalle im Zentrum der Stadt. Dieser gedeckte Markt zählt zu den schönsten seiner Art auf Kreta

84   Auf dem Weg zur Omalós-Hochebene. Ausblick in die Bergwelt der Lefká Ori, der „Weißen Berge". Im Vordergrund einer der für Kreta so typischen Bildstöcke

Auf dem Weg nach Omalós. Blick auf das Dorf Lákki

85

86   Xilóskalo. Am Beginn des Abstieges zur Samariá-Schlucht. Blick auf den Gínggilos

Samariá-Schlucht. Das verlassene Dorf Samariá im Inneren der Schlucht   87

kophagen, deren schönste man im Museum von Chaniá besichtigen kann. Die Auffindung einer vermutlich zu dieser Nekropole gehörigen minoischen Stadt – vielleicht einer Palastanlage – wird von den Archäologen mit Spannung erwartet.

DAS KLOSTER ARKADHI · MARGARITES · DIE HÖHLE VON MELIDHONI

Von Réthymnon aus ist dieses Kloster auf guter Straße – 23 Kilometer – vorbei an schönen Dörfern und Olivenhainen leicht zu erreichen. Arkádhi ist ein kretisches Nationaldenkmal, das die Erinnerung an die Ereignisse des 8. November 1866, die ganz Europa erschütterten, wachhält.

Die großen Aufstandsbewegungen gegen die türkischen Unterdrücker kamen fast immer unter der opferbereiten Mithilfe des Klerus zustande. Die Klöster boten Unterstand und Verpflegung und waren oft fanatische Mitverschworene und Mitkämpfer für die Freiheit. In Arkádhi, dem „Vulkan kretischen Freiheitswillens", tat sich an jenem 8. November ein Inferno des Widerstandes auf. Eine Anzahl von Partisanen und eine Gruppe von geflüchteten Frauen und Kindern erwarteten hier den Angriff eines im Anmarsch befindlichen großen türkischen Heeres, dessen Übermacht jedoch so gewaltig war, daß Abt Gabriel mit Zustimmung aller Insassen den verzweifelten Entschluß faßte, das Kloster in die Luft zu sprengen. Außer den tausend Kretern fanden bei dieser Katastrophe auch 1800 Türken den Tod.

Links: Die Samariá-Schlucht. Vor dem Ausgang der Schlucht. Die Felsen treten hier eng zusammen, kaum dringt Sonnenlicht in die Tiefe

Das Kloster ist heute wieder renoviert, bis auf das Pulvermagazin, das von Giamboudákis, einem Widerstandskämpfer aus dem nahen Dorfe Ádhele, entzündet worden war. Man kann sein Denkmal im Vorbeifahren am Dorfplatz an der Straße sehen. Die schöne venezianische Renaissancefassade der Klosterkirche von Arkádhi (1587) hat glücklicherweise weniger gelitten. Sehr stimmungsvoll ist ein Gang durch die Arkaden des Klosterhofes, darüber im ersten Geschoß befindet sich das kleine Museum, das mit interessanten Dokumenten und Bildern Einblick in die kretischen Freiheitskämpfe gibt. Sehenswert ist das alte Refektorium mit der urtümlichen Klosterküche, die jedoch nicht immer zugänglich ist. Die kahle, verbrannte Zypresse im Garten und das dachlose Pulvermagazin sind erschütternde Zeugnisse dieses heldenhaften Einsatzes eines bis aufs Blut gepeinigten Volkes.

Anschließend an Arkádhi kann man durch ein weiter östlich gelegenes sehr reizvolles Tal zum Töpferdorf *Margarítes* fahren, wo man in der warmen Jahreszeit die Werkstätten und Brennöfen jenes uralten Handwerks, das schon in minoischer Zeit durch seine prächtigen Vasen und Pithoi berühmt war, in Tätigkeit sieht. Sollte es noch zu früh in der Jahreszeit sein, kann auch eine nähere Besichtigung des Dorfes, das zu den schönen, noch unberührt erhaltenen Flecken dieser Region zählt, zum Erlebnis werden.

Ein anderes Zentrum kretischer Töpferei findet sich in dem Dorf *Thrapsanó* in Mittelkreta. Hier werden noch heute jene sehr großen Pithoi erzeugt, wie sie in den Magazinen der minoischen Paläste zu finden sind.

Der Besuch einer Höhle, deren es in Kreta sehr viele gibt, wird immer zu einem besonderen

Erlebnis, das zum Verständnis von Mythos und Geschichte der Insel ungemein beiträgt. Da diese Höhlen, die über ganz Kreta verstreut sind, nicht immer bequem zu erreichen sind, gibt es auf einer Rundfahrt im allgemeinen nur wenige, die aufgesucht werden können. 28 km von Réthymnon, auf der Straße nach Pérama, liegt das Dorf *Melidhóni,* von dem aus man die Höhle gleichen Namens aufsuchen kann, die wie so viele andere Orte auf Kreta Erinnerungen an traurige historische Ereignisse wachhält und die zugleich als Stätte uralter Mythen in der Tradition weiterlebt. Die Höhle Melidhóni soll dem ehernen Riesen Talos gewidmet oder geweiht worden sein. Talos, der eine Schlüsselfigur der kretischen Mythologie darstellt, war der bronzene Diener des Königs Minos, der diesem von Zeus zur Bewachung der Insel Kreta geschenkt worden war. Er hatte die Aufgabe, alle Fremdlinge zu töten. Er soll von Hephaistos geschmiedet worden sein und hatte nur eine einzige Vene, die vom Nacken bis zu seinen Fußknöcheln lief, wo sie von einem bronzenen Zapfen verschlossen wurde. Dieser Talos mußte dreimal täglich um die Insel laufen und jedes fremde Schiff zerstören, was wohl auf die Thalassokratie der Kreter anspielt. Dreimal im Jahr mußte er langsam durch alle Dörfer Kretas gehen und die Gesetze des Minos verkünden, die auf bronzenen Tafeln geschrieben waren. Hier wird auf die gesetzbildende Funktion Kretas in frühester Zeit angespielt: sowohl Minos wie sein Sohn Rhadamanthys übten richterliche Gewalt auch in der Unterwelt aus. Talos besaß eine grausame Art, seine Feinde zu töten, indem er sich im Feuer glühend erhitzte und seine Angreifer durch tödliche Umarmungen vernichtete, wobei er sein Gesicht zu einer grauenerregenden Maske

verzog. Sein Tod wurde durch den Argonauten Poias herbeigeführt, der das verwundbare Fußgelenk des Riesen mit einem Pfeil verletzte, worauf das Blut aus der Vene abfloß. Nach einer anderen Version starb er durch Medea, die ihn vom Argonautenschiff aus durch Zaubersprüche betäubte, worauf er zu Boden stürzte; der Bronzepfropfen am Knöchel, der die Vene verschloß, fiel heraus und Talos verblutete.

Diese einzige Vene des Talos und die geheime verwundbare Stelle am Fuß symbolisieren das damals gehütete Geheimnis um den Bronzeguß mit der „verlorenen Form", der von den kretischen Schmieden erfunden worden war: Die Bronzegießer fertigten erst ein Modell aus Bienenwachs, das sie mit einer Lehmschicht umhüllten, und stellten es in den Brennofen. Wenn der Lehm zu Ton gebrannt war, bohrte der Gießer ein Loch in den Fuß der Figur, und das heiße Wachs floß ab. In die nun hohle Tonform wurde die flüssige Bronze gegossen, nach deren Erkalten der Ton zerbrochen wurde, und das einstige Wachsmodell erschien nun in Bronze gegossen. Dieses Werksgeheimnis, das lange streng gehütet wurde, spiegelt sich, wie schon gesagt, in verschlüsselter Form im kretischen Mythos vom Talos wider.

Heute steht die Höhle vor allem wegen eines erschütternden Ereignisses im Zeitalter der Türkenherrschaft in der Erinnerung der kretischen Bevölkerung. Die sehr geräumige Höhle bot den Einheimischen Schutz vor Überfällen; im Jahre 1824 flüchtete eine große Anzahl von Dorfbewohnern vor türkischen Soldaten in die Höhle, die bald darauf von den Verfolgern ausgeräuchert wurde; alle Eingeschlossenen mußten ersticken. Zum Gedenken an dieses grauenvolle Geschehen errichteten die Dorfbewohner auf einer kleinen Terrasse unterhalb der Grotte eine Erinnerungsstätte.

CHANIA

Auf der Fahrt von Réthymnon nach Chaniá ist für den ersten Teil der Strecke die alte Bergstraße zu empfehlen, die landschaftliche Höhepunkte bietet; nach Episkopí wechselt man am Golf von Almiroú auf die Autobahn und erreicht bei Kalýves die 15 km lange Soúdha-Bucht, die zu den großartigsten Naturhäfen des Mittelmeeres zählt und heute Flottenstützpunkt der NATO ist. An ihrer 6 km breiten Einfahrt liegen drei Inseln, die vorzügliche Verteidigungsmöglichkeit bieten; gegen Norden stellt die Halbinsel Akrotiri eine natürliche Bastion dar. Die große Festung Izzedine auf einem strategisch günstigen Küstenvorsprung wurde von den Türken erbaut, heute dient sie als Militärgefängnis. Von der lebhaften Hafenstadt Soúdha, in der es von weiß- und blauuniformierten Matrosen wimmelt, führt eine schöne Platanenallee nach *Chaniá,* dem antiken Kydonia, mit 53.000 Einwohnern. Auch diese moderne und kulturell sehr aufgeschlossene Stadt hat ihren Mythos. Sie stammt von den vorgriechischen Kydonen ab, deren König Kydon ein Enkel des Minos war, der im Ruf großer Gastfreundlichkeit stand. So ergeben sich auch hier im Westen der Insel mythische Anknüpfungspunkte zur minoischen Welt. In nachminoischer Zeit geriet die damals wohl noch kleine Siedlung in die Strömung der Inselgeschichte und erlebte die Besetzung durch die Römer, Osmanen und Byzantiner. Die sichtbarsten Spuren hinterließen nach dem Vierten Kreuzzug von 1204 die Venezianer und nach ihnen die Türken ab 1645.

Im Befreiungsjahr 1898 erlebte Chaniá einen großen Tag, als Prinz Georg von Griechenland in Soúdha einfuhr und zum Hochkommissär von Kreta ernannt wurde, bis 1913 der Anschluß an Hellas erfolgte. Elefthérios Venizélos, ein Rechtsanwalt aus der Gegend um Chaniá, war der Anführer jener Revolutionspartei, die zum Anschluß an das Mutterland schürte und den Prinzen zur Abdankung zwang. Dieser gleiche Venizélos wurde später Premierminister und einer der bedeutendsten Politiker Griechenlands. Im Historischen Museum von Chaniá ist ihm ein Gedenkraum gewidmet.

Aus venezianischer Zeit stammen in der winkeligen Altstadt zahlreiche Kirchen und Paläste, Reste der Befestigungen und Hafenanlagen. Auf die Zeitgenossen müssen diese Bauten großen Eindruck gemacht haben, denn man sprach von einem „Venedig des Ostens", bis die Stadt in der Mitte des 17. Jahrhunderts endgültig an die Türken fiel.

Die Orientierung in der Altstadt wird durch die an ihrem Rande gelegene große Markthalle sehr erleichtert. Dieser Markt ist eine Attraktion von Chaniá. Hier wird alles in großer Farbenpracht zur Schau gestellt, was Kretas Landwirtschaft zu bieten hat. Es gibt hier auch eine köstliche Abteilung für Gewürze und Kräuter, aus denen die Unzahl von kretischen Tees gekocht wird. Da findet man zum Beispiel das vielgerühmte Diktamon, das auf Bergen und im schwierigen Gelände steiler Felswände wächst und gegen allerlei Beschwerden gut sein soll. Nicht weit von der Markthalle steht ein schönes Minarett, und gegen den Hafen zu liegen einige venezianische Kirchen. Schöne Ikonen finden sich in der Kirche der Heiligen Anarjíri, der beiden Ärzte-Märtyrer Kosmás und Damianós, aus dem 16. Jahrhundert. Neben der Nikolaus-kirche, die in eine Moschee umgewandelt wurde, steht noch das türkische Minarett als das höchste von Chaniá und davor der türkische Brunnen mit einer großen Platane. Die Türken errichteten ihre rituellen Waschbrunnen gerne in der Nähe von Platanen, da sie sicher waren, dort genügend Wasser zu finden. Unter den frühen venezianischen Bauten ist die schöne Franziskanerkirche an erster Stelle zu nennen, in der sich heute das Archäologische Museum befindet.

Der schönste Spaziergang in Chaniá führt zum alten venezianischen Hafen. Hier steht die Janitscharen-Moschee, heute ein elegantes Restaurant, daneben der Leuchtturm auf der Mole – der „Pharos von Chaniá" –, der zum Wahrzeichen dieses alten Stadtviertels wurde. Um den hufeisenförmigen Hafenkai liegen dichtgedrängt venezianische Speicher, Wohnhäuser, Paläste, Tavernen, Restaurants und Cafés, die ganz besonders an ruhigen Abenden eine phantastische Kulisse bilden, die sich im Meere spiegelt.

Eines der vornehmsten Viertel von Chaniá ist Chalépa, ein Vorort gegen die Halbinsel Akrotíri, wo einst Prinz Georg und Venizélos ihre Wohnsitze errichteten, die beide noch zu sehen sind. Vor dem Familienbesitz der Venizélos liegt ein kleiner Park mit einem Denkmal des großen Staatsmannes. Vom nahe gelegenen Hügel des Propheten Elias bietet sich die schönste Aussicht auf die Stadt bis zum Hafen mit dem Leuchtturm. Im Westen sieht man die Insel Theodori liegen, wo heute die kretische Wildziege im Schongebiet gehegt wird. In den gebirgigen Norden des Kaps Akrotírion führen nur wenige Fahrstraßen, wie zum Kloster Moní Zangarola aus dem 17. Jahrhundert, das heute

eine Theologenschule beherbergt. Von hier kann man zu Fuß zum Kloster des Heiligen Eremiten von Gouvernéto aus dem Jahr 1584 wandern, das in 400 m Höhe errichtet wurde; es ist berühmt für seine Gastfreundlichkeit.

Omalós und die Samariá-Schlucht

Chaniá ist der geeignetste Ausgangspunkt für eine Fahrt nach Omalós und eine Wanderung durch die Samariá-Schlucht. Der Weg dahin führt anfangs durch die Gebiete großer Orangenplantagen. Alikanoú, Fournás, Mesklá, Skínes sind Zentren des Orangenbaues. Im zeitigen Frühjahr kann man die großen Ernten miterleben.

Der öffentliche Autobus fährt über die kurvenreiche Hauptstraße weiter und erreicht seine Endstation im hochgelegenen Lákki, das malerisch auf einem Felsvorsprung hockt, ringsum von den hohen Gipfeln der Lefká Ori, der Weißen Berge, umgeben. Der gewaltige Gínggilos ragt in baumlose Regionen, während sich unterhalb von Lákki noch Oliven und Weinstöcke ausbreiten. Von hier sind es noch 14 km bis zur Paßhöhe mit der Schutzhütte der EOT. Die ausgezeichnete Bergstraße, eine prächtige Panoramastraße, steigt über der Hochebene von Omalós in steilen Serpentinen bis auf 1100 m an. Die Ebene ist die zweitgrößte von Kreta nach der Lassíthi-Hochebene, sie wird jedoch nur in der warmen Jahreszeit bewirtschaftet. Es gibt hier hervorragende Käsereibetriebe, wo die schmackhaften Schafkäsesorten wie der Anthótiri, der Kefalótiri (tirí heißt Käse) und der Graviéra hergestellt werden. Diese Schwemmlandebene ist nicht nur ihrer guten

Schafweiden wegen berühmt, sondern bringt auch im Getreide-, Kartoffel- und Tomatenanbau gute Erträge. Wie in Lassíthi wird auch hier die Ebene im Frühling ein See, der unterirdisch abläuft.

Die romantischeste Fußwanderung auf Kreta ist unbestritten die Bewältigung der 18 km langen *Samariá-Schlucht*. Auf der Paßhöhe vor der steil aufragenden Wand des 2080 m hohen Gínggilos, wo die Fahrstraße endet, beginnt der Abstieg über die Holztreppe „Xilóskalo", wie auch der Ort hier genannt wird, und führt im Zickzack weiter, zwischen hoch aufragenden Bergzypressen und Kiefern, anfangs beinahe lieblich, aber bald beschwerlicher und unwegsamer werdend, in 800 m Tiefe hinunter. Die Wanderung durch diese längste Schlucht Europas ist, wenn gut vorbereitet und zeitlich richtig geplant, keine gefährliche Sache – aber ein unvergeßliches Erlebnis! Sie sollte nur in der trockenen Jahreszeit durchgeführt werden, wenn das Bachbett seicht oder leer ist. Gewiß wird man dann auch nicht allein marschieren, die Großartigkeit dieser Exkursion lockt in der Saison auch andere Wanderer auf den Plan. Man beginnt den Abstieg am besten bei Tagesanbruch von der Schutzhütte aus, wo man eventuell auch übernachten kann, und rechne mit 6 bis 8 Stunden Gehzeit. Am Grunde der Schlucht fließt ein Bach, den man teilweise durchwaten muß. Nach der verlassenen Siedlung Samariá mit dem kleinen Kirchlein, das der ganzen Schlucht den Namen gab, beginnt der Weg enger zu werden, die Felsen treten stellenweise bis auf 4 m Abstand heran; hier muß man fast ständig im Bachbett waten, vom Himmel ist nur ein schmaler Streifen zu sehen, und es herrscht Dämmerlicht, die Felsen ragen 600 m über uns empor. Allmählich wird das linke Bachufer begehbar und das Tal verbreitert sich; bald ist Ajía Rouméli erreicht, wo man in einer der zwei einfachen Gaststätten Imbiß und Erfrischung nehmen und ein kühles Meerbad genießen kann, bis das regelmäßig nach Chóra Sfakíon verkehrende Motorboot einlangt.

Die Sfakiá

Sfakiá heißt jene Landschaft, die das höchste Bergmassiv von Westkreta, die Lefká Ori, umfaßt und in der ein Volksstamm lebt, der zum stolzesten und verschlossensten der Insel gehört. Hier gab es die großen zähen Widerstandskämpfer und fanatischen Freiheitshelden, jene Rebellen, ohne die Kreta noch heute in Unfreiheit leben würde. Die Sfakioten waren nicht unterzukriegen; weder von den Venzianern noch von den Türken wurde die Sfakiá je ganz erobert, und nirgends ist so viel Blut vergossen worden, nirgends so verbissen gekämpft worden, bis in die Zeit des Zweiten Weltkriegs, als die Sfakiá zum Zentrum und Refugium der Widerstandskämpfer und Partisanen wurde. Die Bevölkerung geht in diesem Gebiet erschreckend zurück. Im größten Dorf der Sfakiá, in *Chóra Sfakíon*, das einmal eine Handelsstadt mit 3000 Einwohnern war, leben heute nur mehr 300 Menschen. Durch seine wunderbare Lage am Meer mit dem kleinen Badestrand zwischen den Steinen unten am Bootshafen und durch seine freundlichen Gaststätten kann das Dorf heute vom Tourismus profitieren, vor allem durch die aus der Samariá-Schlucht zurückkommenden Wanderer, die hier Station machen.

Von Chóra Sfakíon lassen sich die kleinen Küstendörfer am Libyschen Meer nach Ost und West erwandern oder mit Booten erreichen. Östlich zieht sich ein etwa 10 km langer Küstenstreifen mit zahlreichen Hangdörfern und schönen Sandstränden bis nach *Frangokástelo* hin. Diese düstere einsame Festung aus dem 14. Jahrhundert wurde von den Venezianern erbaut, um die Sfakioten zu zähmen. Die Türken richteten hier im Jahre 1828 ein Blutbad an, bei dem viele tapfere Sfakioten sterben mußten; ihre Geister sollen noch heute im frühen Morgennebel um die Burg schweben. Ein Denkmal ihres ebenfalls gefallenen Anführers, General Daliani, wurde vor Frangokástelo aufgestellt. Die Küstenstraße verläßt vor Komitádhes den Nomos Chaniá und führt weiter nach Osten über Seliá in bergreiche Landschaft, zum prächtig gelegenen *Mönchskloster Préveli* aus dem 17. Jahrhundert, das dem Johannes Theologos geweiht ist; es besitzt einige wertvolle Ikonen.

Unsere Route an der Südküste führt von Chóra Sfakíon nach Westen, wo auf hoher Bergstraße nach ungefähr 12 km *Anópolis* erreicht wird, das Ausgangspunkt für Wanderungen in die Lefká Ori ist. Das alte, 1500 m hoch gelegene Anópolis steht auf antikem Boden und soll in römischer und byzantinischer Zeit eine bedeutende Stadt gewesen sein. Es ist die Heimat des berühmtesten sfakiotischen Freiheitshelden Daskalojánnis, dem in Iráklion ein Denkmal errichtet wurde. Er war der Anführer des Aufstandes von 1770 und wurde von den Türken auf grausame Weise hingerichtet. Tief unten am Meer liegt im Hafenbereich des antiken Anópolis das einst sehr belebte Fischerdorf Lutró, das heute infolge Quellwassermangels fast ausgestorben ist. Doch sein schöner Strand mit den Palmen ist noch immer ein Anziehungspunkt für Badefreudige.

Mit dem Boot lassen sich von Chóra Sfakíon noch weitere schöne Fahrten über Ajía Rouméli bis Soújia im Bezirk Sélinos machen. Auch in dieser Landschaft begegnen uns ringsum Namen von antiken Bergstädten wie Lissos, Yrtakina, Elyros, Kandanos. In Lissos wurde ein Asklepiosheiligtum entdeckt mit Resten eines Tempels mit schönem Mauerwerk und einem Fußbodenmosaik.

Von Soújia gelangt man am besten mit dem Boot zum malerischen *Paleóchora*, der „Braut des Libyschen Meeres", mit herrlichen Sandstränden und einem venezianischen Kastell von 1249 auf weit ins Meer hinausspringendem Kap. Paleóchora ist ein Ferienparadies, das wegen seiner bezaubernden Landschaft immer wieder begeistert besucht wird.

Wir kehren von Chóra Sfakíon nach Réthymnon zurück und erleben auf dem Wege über die Askífou-Ebene nochmals die Erinnerung an die Schicksale der Sfakiá, denn hier trugen sich blutige Schlachten gegen die Türken zu. Nicht weit davon – die grausige Historie reißt nicht ab – wurden im Jahre 1821 in der Katré-Schlucht Tausende von Türken in einer Vergeltungsschlacht durch herabgerollte Steine niedergemacht. Ebenso wurde in dieser Schlucht die Rache an jenen türkischen Soldaten vollzogen, die 1866 Arkádhi belagert und grausam erobert hatten.

Auf der Weiterfahrt nach Réthymnon bietet das freundliche Dorf *Vrísses* an der Einmündung der Bergstraße in die alte Hauptstraße willkommene Erholung nach der Düsterheit geschichtlicher Ereignisse in der Sfakiá. Hier plätschern wieder frische Quellen und Brunnen unter großen Platanen und Walnußbäumen bei einer einladenden Taverne am Dorfplatz, wo Hammel- und Schweinefleisch über dem Rost gebraten wird und wo köstlicher griechischer Salat, der bunte Choriátiki, und Rétsina, geharzter Wein, zu einer Rast im kühlen Garten einladen.

Von Chaniá nach Westen

FALASSARNA

Eine interessante Exkursion führt von Chaniá über Kastélli Kissámou und Plátanos an die Westküste der Halbinsel Gramvoúsa zum antiken *Falássarna*. Die Westküste Kretas wurde im frühen Mittelalter offenbar von dem selben geologischen Ereignis betroffen, das im Osten der Insel stattfand, als Oloús versank; dieser Senkung entspricht im Westen eine Hebung der Küste um 9 m über den Meeresspiegel, so daß zum Beispiel die einstigen Hafenanlagen der antiken Stadt Falássarna bei Kap Koútri heute landeinwärts und trocken liegen. Die Geologen sind sich über die Ursachen dieses Phänomens allerdings noch nicht einig. Von der alten, einst befestigten Siedlung Falássarna sind noch Spuren römisch-hellenistischer Grabanlagen wahrzunehmen, und in sítu ist als interessantestes Denkmal ein aus dem gewachsenen Stein gehauener Thron zu sehen.

POLYRRHINIA

Die ersten griechisch-archäischen Siedlungen sind im Gegensatz zu den minoischen Palästen als beherrschende Burgstädte auf Bergen errichtet worden. Die hierauf folgenden Dorer siedelten ebenfalls in der Ebene, übernahmen die archäischen Burgen und gründeten ihre Stadtstaaten – die Polis; Homer spricht von den berühmten hundert Städten auf Kreta. Sie bauten die alten Hafen- und Küstensiedlungen zu Städten aus, in denen bald die Piraterie blühte und zu großem Reichtum führte. Solche Bergstädte mit vorgelagerten Hafenanlagen waren zum Beispiel Lató in Ostkreta oder das eben besuchte Falássarna und Polyrrhínia, zu welch letzterem eine spannende Exkursion von Kastélli Kissámou aus unternommen werden kann, die landschaftlich und archäologisch ein großes Erlebnis ist. Polyrrhínia – die „Stadt vieler Herden", wie ihr Name besagt – wurde im 8. Jahrhundert v. Chr. gegründet und zählt zu den ältesten dorischen Städten der Insel. Der Anstieg führt zuerst über fruchtbare Anhöhen; auf einem Berghang liegt das Dorf Paleókastro (was alte Burg oder altes Schloß bedeutet) wie ein Schwalbennest auf dem Felsen. Dieses Dorf wurde auf den Trümmern der antiken Stadt Polyrrhínia erbaut, von deren Akropolis es beherrschend überragt wird. Die Stadt diente jahrhundertelang als Steinbruch; so wurde auch die nahe kleine Kirche zu den Neunundneunzig Heiligen aus Steinen erbaut, die einst zu griechischen Tempeln gehörten, ein Schicksal, das überall dort zutage tritt, wo frühes Christentum und Antike einander nicht allein geistig durchdringen.

Von der Akropolis dieser hochgelagerten Bergstadt Polyrrhínia bietet sich eine atemberaubende Sicht über das ganze Vorland bis zum Golf von Kissámou. Das mauerbewehrte kleine Plateau am Gipfel trug einst einen Tempel. Heute liegt hier nur ein steiniges melancholisches Trümmerfeld, das – von Vegetation überwuchert – die einstige glanzvolle Vergangenheit heraufbeschwört.

Wir kehren wieder zu unserem Ausgangspunkt *Kastélli-Kissámou* zurück, das herrlich am Meer in einer geschützten Bucht zwischen den beiden weit vorspringenden „Stierhörnern" der Halbinseln Rodópos und Gramvoúsa liegt. Es ist ein ländlicher Marktflecken mit dem Hinterland einer fruchtbaren Küstenebene, die reiche Wein- und Olivenernten bringt.

ZUM KLOSTER CHRYSOSKALITISSA

Von Plátanos führt eine andere Straße weiter südlich über Kámbos durch eine Landschaft, die von den Einheimischen als „Kretische Schweiz" bezeichnet wird; sie ist wegen ihrer großen und schönen Walnußbäume berühmt. Auch die Freunde byzantinischer Kirchen und Fresken kommen hier auf ihre Rechnung. So sind zum Beispiel in dem kleinen Dorf *Koúneni,* das auch Váthi genannt wird, zwei Kirchen mit gut erhaltenen Fresken sehenswert: Die St. Georgskirche, Ájios Jeórjios, eine der ältesten byzantinischen Kirchen auf Kreta, zeigt Wandmalereien in den leuchtenden Farben ihrer Entstehungszeit, dem 13. Jahrhundert; die Michaelskirche, Michaíl Archángelos, besitzt inhaltlich hochinteressante Fresken aus dem 15. Jahrhundert, wie zum Beispiel die figurenreiche Darstellung der sechs Greise von Jericho, die ihre wie mächtige Waldhörner geschwungenen Trompeten blasen, davor der Erzengel mit dem Schwert.

Von hier führt die Straße bis zum Meer hinab, wo Kretas Küste ihren westlichsten Punkt erreicht. Dort liegt hoch und einsam auf einem von Macchia überwucherten Felsplateau das Frauenkloster *Moní Chrysoskalítissa,* die „Muttergottes von der goldenen Treppe"; dieser Name leitet sich von einer alten Überlieferung her: In der Treppe, die zu dem Marienkloster hinaufführt, soll unter den neunzig Stufen eine goldene verborgen sein. Die Klostergebäude umfangen eine schneeweiße, tonnengewölbte Kirche mit Apsis und zierlichem barocken Glockenturm. Am Felsen und an einigen Wänden sind Spuren von Einschüssen zu sehen – auch dieses stille Kloster war Schauplatz heißer Widerstandskämpfe.

Weiter südlich liegen die großartigen Sandstrände gegenüber der Insel *Elafoníssi;* man kann sie über eine Furt, die man durchwaten muß, erreichen. Die „Korallenstrände" dieser Region sind durch die eigenartige Rosafärbung ihres unerhört feinkörnigen Sandes interessant. Ebenso einmalig ist die Vegetation in den sandigen Buchten und zwischen den Klippen, wo Wacholdersträuche und Strandlilien wachsen. An der Südwestspitze der Insel liegt bei Kap Kriós der Hafen der antiken Stadt Viéna, von der aus man nach 10 km auf guter Fahrstraße Paleóchora erreichen kann.

Der Kreis unserer Rundfahrten und Wanderungen hat sich geschlossen – der Südwind bläst uns um die Ohren und der Abschied von Kreta wird schwer. Die Erinnerung an die zauberhafte Abgeschiedenheit so mancher stillen Buchten und das Erlebnis von Landschaft, Mythos und Kultur dieser Insel wird uns immer begleiten – die Versuchung, wieder dahin zurückzukehren, wird groß sein.

Rechts: Falássarna. Bucht und Felsen an der Stelle des antiken Hafens

Polyrrhínia. Prächtiger Ausblick nach Nordwesten gegen das Meer

Lissós, der Hafen des antiken Hyrtakina, liegt in der Bucht von Ájios Kírkos

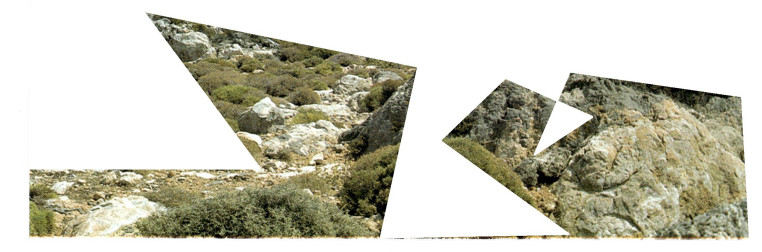

Blick auf den antiken Hafen von Viéna, nahe der Südwestspitze der Insel

Links: Wanderung auf einem Felsenweg an der Südküste: von Paleóchora nach Soújia

Die Insel Elafoníssi. Der ,,Korallenstrand'' ist berühmt wegen seiner rötlichen Färbung

Unten: Auf der Insel Elafoníssi. Strandlilien *(Pancratium maritimum)* in einer malerischen Bucht zwischen den Klippen

Letzte Seite: Das Frauenkloster Chrysoskalítissa, das auf dem westlichsten Punkt der kretischen Küste auf hohen Klippen gebaut ist, gehört zu den romantischesten und einsamsten Klöstern Kretas